JN259976

安永中野騒動

―歴史教育と歴史研究―

遠山 孝典 著

ほおずき書籍

はしがき

この本は、江戸時代後半の安永年間に、奥信濃にあった幕府直轄領（天領）で起こった安永中野騒動とよばれる百姓一揆についてまとめたものです。また、歴史教育に関連する部分と、歴史研究に相当する部分に分かれ、二部構成になっています。

第一部は、歴史教育の取り組み事例として掲載しています。二つの小論は、ともに平成十七年から勤務した都立進学校の高校生を対象に書いたものであり、いわば新書本程度の記述の水準になっています。その高校では、普段の授業ではあまり扱わない教員各自の得意分野や専門分野などを、順番に数名ずつ『三高教室』という冊子（紀要）に寄稿し、生徒全員に配布するという伝統がありました。第一部は、この『三高教室』に二〇〇七年と二〇〇九年に掲載した拙稿に、多少の加筆修正をしたもので、二つの小論は、関連をもちつつも、独立した原稿として作成しています。学校での歴史教育の中心は、まず第一に日々の授業実践にあります。その他には、歴史関係のクラブ活動なども考えられますが、所属校の生徒を読者として想定した歴史叙述をすることも、歴史教育の一環として取り組まれるべきであると考え、今回転載しました。

第二部は、研究論文の体裁になっています。卒業論文である「安永中野騒動 ―飛騨大原騒動との関連―」(『信濃』第三六巻第一二号、第三七巻第二号)の一部を改編して作成した「安永中野騒動の形成過程」(『日本海地域史研究』第九輯　一九八九年　文献出版)が、第二部のもとになっています。したがって、研究論文としては既に最新とは言えず、史料の所蔵者なども当時のまま掲載しています。しかし、その後この騒動を取り上げた論文が見られないこともあり、この度一揆の経過等を扱った章を新たに追加して、騒動の全体が分かるようにまとめ直しました。また、史料に返り点をつけるなど、多少なりとも読みやすくなるよう全体的に加筆修正をしています。

なお、第一部は、第二部のガイダンスのような役割も果たしていますが、視角を変えて記述している部分もあります。

安永中野騒動 ―歴史教育と歴史研究―◉目次

はしがき

第一部　歴史教育

Ⅰ　廻米と石代納
1　石高制……7
2　廻米……8
3　中野幕領と石代納……9
4　明和四年の廻米吟味申渡書……11
5　廻米要求の背景……13

Ⅱ　安永中野騒動
はじめに……18
1　中野幕領……19
2　代官と百姓の駆け引き……20
3　安永中野騒動……32
4　安永中野騒動の背景……35
5　飛驒大原騒動との関連……42
おわりに……44

第二部　歴史研究

安永中野騒動の形成過程

はじめに……47
第一章　幕府の幕領政策……50
第一節　廻米政策……50
第二節　皆済期月政策……56
第二章　代官の対応……63
第一節　廻米政策……63
第二節　皆済期月政策……74
第三章　百姓内部の動向……82
第一節　小前百姓の急進化……83
第二節　百姓の連帯とその後退……93
第四章　一揆……108
第一節　打ちこわし・強訴……108
第二節　一揆後……117
おわりに……129
註……134
あとがき

第一部　歴史教育

Ⅰ　廻米と石代納

1　石高制

江戸時代の社会制度の一つに、石高制があります。石高とは、米の収穫高とも言い換えられます。全ての田畑・屋敷地（いわば宅地）は、米を作ったとしたら何石の収穫が見込めるのかが計算され、それが村毎に検地帳に記載されました。畑や屋敷地は、本来は米を作る土地ではないのですが、米の予想収穫高が、所定の方式で算出されるのです。この検地帳に記載された石高に、例えば五公五民などの税率が掛けられて、村や百姓が納めるべき年貢高が決定されました。また、大名などの持ち高も、建て前としては支配する村々の石高の合計ということになります。大名は将軍（幕府）に対して、石高に応じた軍事的負担（軍役）を果たしましたが、参勤交代もその一つで、大名が江戸に連れて行く家臣の数なども、石高に応じて決められていました。なお、一石は一升の一〇〇倍で、一升は約一・八リットルですから、一石は、約一八〇リットルということになります。大人一人が一日に三合弱（※一〇合＝一升）の米を食べるとすると、一石は、大人一人が一年間に食べる米の量に相当することになります。

石高制の江戸時代には、百姓は、米で年貢を納めていたことは常識であると思われます。一方年貢米を徴収した幕府や諸藩は、当然それを全て食用にしてしまう訳ではなく、それぞれの城下町や大坂・江戸などの大都市で換金して、財政を運営していました。このため都市には大量の米が放出されることになり、裏長屋住まいの都市下層民も、米を食べることになりました。百姓にとって年貢などの税負担は重く、米は事実上年貢上納用の作物で、普段は米を食べることはほとんどありませんでした。米を作っている百姓は米をほとんど食べていないのに、同様に生活が苦しいはずの都市下層民は、普段は米を食べていたというやや奇妙な現象が、石高制に伴って生じることにもなったのです。因みに江戸《えど》病《やまい》と言われた病気は脚気《かっけ》とされていますが、白米と沢庵《たくあん》漬けなどの食事ばかりをしていると、ビタミンなどの栄養バランスが崩れてしまうために起こると言われています。

2　廻米

しかし、やや詳細に考えてみると、年貢の米納には無理もあります。日本中全ての地域で米が取れる訳ではありません。畑作が主体の地域などでは、百姓は米を買って年貢米として納入していたのでしょうか。これにはやや無理があると言わざるを得ません。さらに忘れてならないのは、年貢米輸送の経費です。年貢米の輸送を廻米《かいまい》といいましたが、先に触れたように年貢米の多くは、都市に輸送して換金する必要がありました。現代のように、高速道路網を大型トラックが行き交う時代とは違います。山がちの地形で、かつ降雨量が多い日本では、荷車が使える道路すらほとんど整備されておらず、特に陸路での大量の物資の輸送には、莫大な経費がかかったのです。したがって江戸時代でも、例えば田地の少ない地域とか、米の輸送に莫大な費用がかかる地域などでは、年貢の金銭納がかなり広く行われていたのです。

3　中野幕領と石代納

私の郷里は、平成の町村合併のため、平成十七年に長野県中野市に編入され、ちょうど私が生まれた年に発足した下水内郡豊田村《しもみのちぐんとよたむら》は消滅してしまいました。江戸時代から明治の前半までは、より小さな永江村《ながえむら》でしたが、文部省唱歌「故郷《ふるさと》」「朧月夜《おぼろづきよ》」「紅葉《もみじ》」などの作詞者である高野《たかの》達之《たつゆき》の出身地でもあります。その中野には、一八世紀の始め頃から代官所が置かれて、周辺の五万石程度の幕府領(いわゆる天領)を管轄していました。これは中野幕領ともよばれていますが、その領域は、中野平・木島平とよばれる平地を中心に、千曲川の流れに沿うように越後(新潟県)まで南北に長く伸びていました。また周辺には、飯山藩・須坂藩・松代藩などの藩領がありました。

この中野幕領では、一七世紀前半から年貢は石代納《こくだいのう》という方式で、全て金銭納されていたのです。石代納とは、本来納めるべき年貢米の石高を、地域の米相場をもとにして金銭に換算して、代官所には米ではなく金銭で年貢を納入する方式です。中野幕領の例をより具体的に説明すると、近隣の城下町である飯山や須坂と善光寺町の、立冬から一〇日間の米相場を平均して米価を算出し、米で納めるべき年貢高を金銭に換算したのです。因みにこの地域の米相場は、江戸のほぼ半値程度で、また、石代値段は、通常百姓に有利なように操作されていました。なお、この石代納は、信州の四つの幕領全てで行われており、また、隣国の飛騨（岐阜県）は一国全てが幕領でしたが、飛騨でもほぼ同様の石代納が行われていました。

信濃や飛騨の幕領で石代納が行われていた理由は、畑地が多いことや米質が長距離の廻米に適さないことなども挙げられますが、やはり最大の理由は、廻米に費用がかかることでした。中野幕領の米相場が江戸の約半値ということは、中野幕領から江戸に米を運べば、約二倍で売れるという勘定になります。現在では、信州中野と東京の米価がこれほど違うことは考えられず、このことからも、米の輸送経費が、当時はいかに高かったのかが想像されます。また、奥信濃の中野幕領は深雪地帯であったために、冬季には大量の物資の輸送は不可能でしたし、千曲川を下して日本海側に米を運べれば西廻り航路が利用できますが、千曲川の水運は、大量の年貢米が回漕できるほどには整備されていませんでした。

4　明和四年の廻米吟味申渡書

このように石代納が定着していた信濃や飛騨の幕領で、一八世紀後半のある時期に、執拗に江戸への廻米が要求されるという事件が起こりました。中野幕領での事の起こりは、明和四年(一七六七年)閏《うるう》九月に、村々名主達が中野代官所に召集されて行われた代官大野佐左衛門からの申し渡しでした。その申渡書の全文は、あまり長文ではないので、江戸時代のいわゆる候文《そうろうぶん》の一例として以下に掲げます。この史料は、中野市内の草間《くさま》共有文書からの転載ですが、旧中野幕領内の他の地区にも同様の文書が残されており、申し渡しではありますが、代官所では書き写し用の文書も提示されたと思われます。原文書は、「お家流」とよばれる崩し字で書かれており、句読点もありませんが、お家流の流儀で崩し書きされた近世文書は、多少練習して慣れれば、じきにある程度は読めるようになります。

被仰渡書

都而国々御年貢米之内、近来者年々願石代相増、御廻米不足ニ相成候間、以来者願石代難相立候間、不残御廻米之積り、勿論定石代金納仕来候分茂、地直段下直之分者、御廻米之積可致吟味候旨、松右近将監殿被仰渡候旨、小野日向守被仰渡候、当国村々之儀者、前々ゟ定石代金納仕来候得共、右之通被仰渡、勿論所値段与者ハ乍申、下直ニ候間、御廻米之積り追々可遂吟味候間、可得其意候、尤当作出穀米取散候儀ハ不相成候間、其旨相心得、請書可差出候事、

　亥閏九月

一見漢文のようにも見えますが、近世の候文は、既に純粋の漢文とはおよそ異なる文章になっています。次に読み下し文を掲げますので、参照してみてください。

　　仰せ渡され書

すべて《都而》国々御年貢米の内、近来は《者》年々願い石代相《あい》増し、御廻米不足に相成り候間《あいだ》、以来は願い石代相立ち難く候間、残らず御廻米の積もり、勿論定石代金納仕来り候分も《茂》、地直段（※値段）下直《げじき》の分は、御廻米の積もり吟味致すべく候旨、松（平）右近将監（※老中）殿仰せ渡され候旨、小野日向守（※勘定奉行）仰せ渡され候、当国村々之儀は、前々より《ゟ》定石代金納仕来りそうらえども《候得共》、右の通り仰せ渡さる、勿論所値段とは《与》申しながら《乍》、下直に候間、

御廻米の積もり追々吟味を遂ぐべく候間、其の意を得べく候、尤《もっと》も当作出穀米取り散らし候儀は相成らず候間、其の旨相心得、請け書き差し出すべく候事、

亥閏九月

引用した「被仰渡書」の大意は、以下のようです。近年諸国で石代納の願い出が増えて廻米が不足になったので、今後は石代納の願い出は認めず全て廻米とする。また、以前から石代納をしてきた所も、石代値段が安い所は、廻米の方向で吟味をするようにとの老中の意向が、勘定奉行から伝えられた。当国の村々は、以前から石代納をしてきたが、右のような申し渡しがあり、石代値段も安いために廻米の方向で追々吟味をするので、その旨を承知しておくこと。また、今年収穫した米穀の売買などもしてはならないので、この旨を承知して、承諾書を提出すること。

5　廻米要求の背景

江戸幕府の財政については、史料的な制約もあってよく分からないことが多いのですが、一部残存した史料から推測することはできます。次ページのグラフは、幕府の財政などの記録も

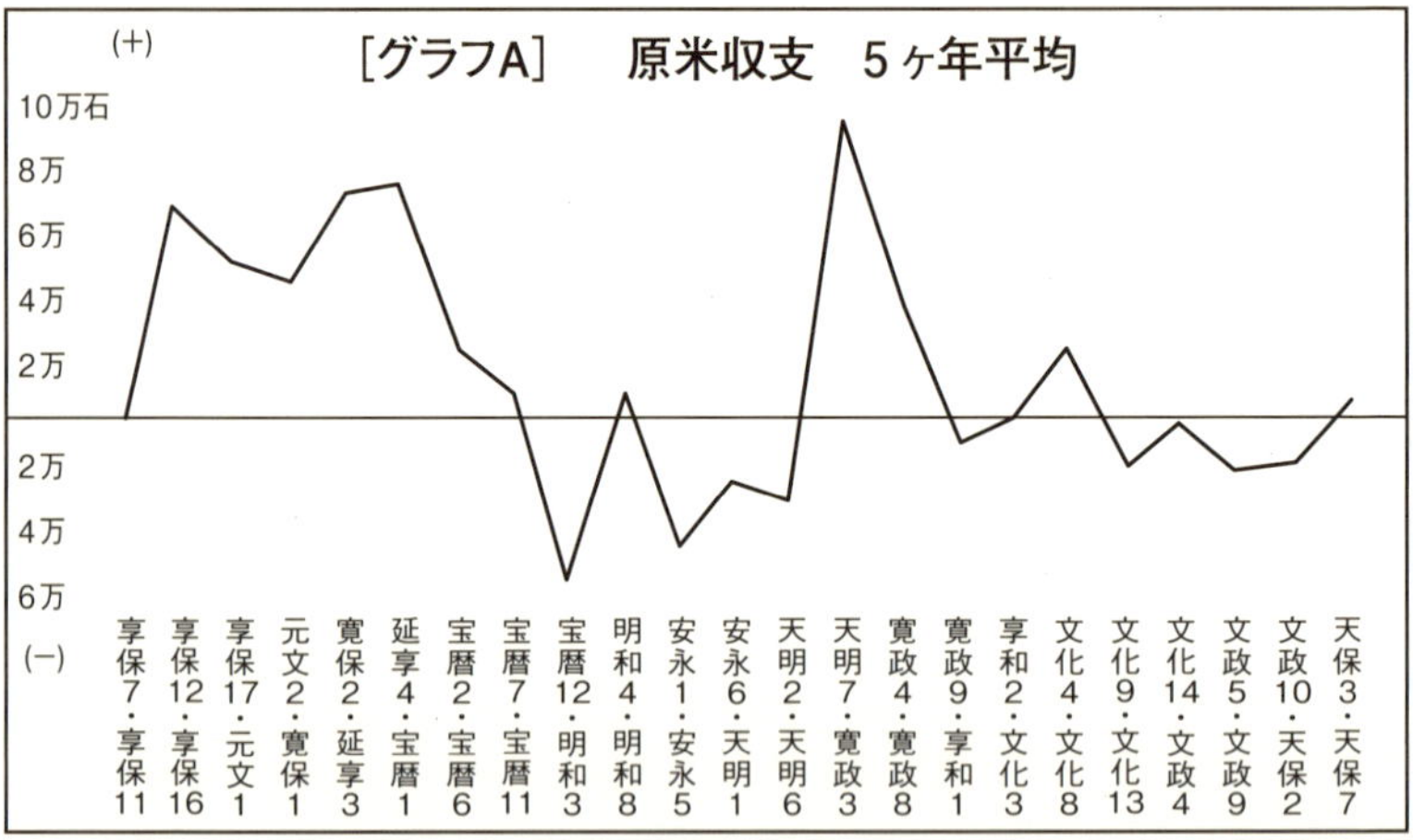
[グラフA]　原米収支　5ヶ年平均
(+)
10万石
8万
6万
4万
2万
2万
4万
6万
(−)
享保7・享保11
享保12・享保16
享保17・元文1
元文2・寛保1
寛保2・延享3
延享4・宝暦1
宝暦2・宝暦6
宝暦7・宝暦11
宝暦12・明和3
明和4・明和8
安永1・安永5
安永6・天明1
天明2・天明6
天明7・寛政3
寛政4・寛政8
寛政9・享和1
享和2・文化3
文化4・文化8
文化9・文化13
文化14・文政4
文政5・文政9
文政10・天保2
天保3・天保7

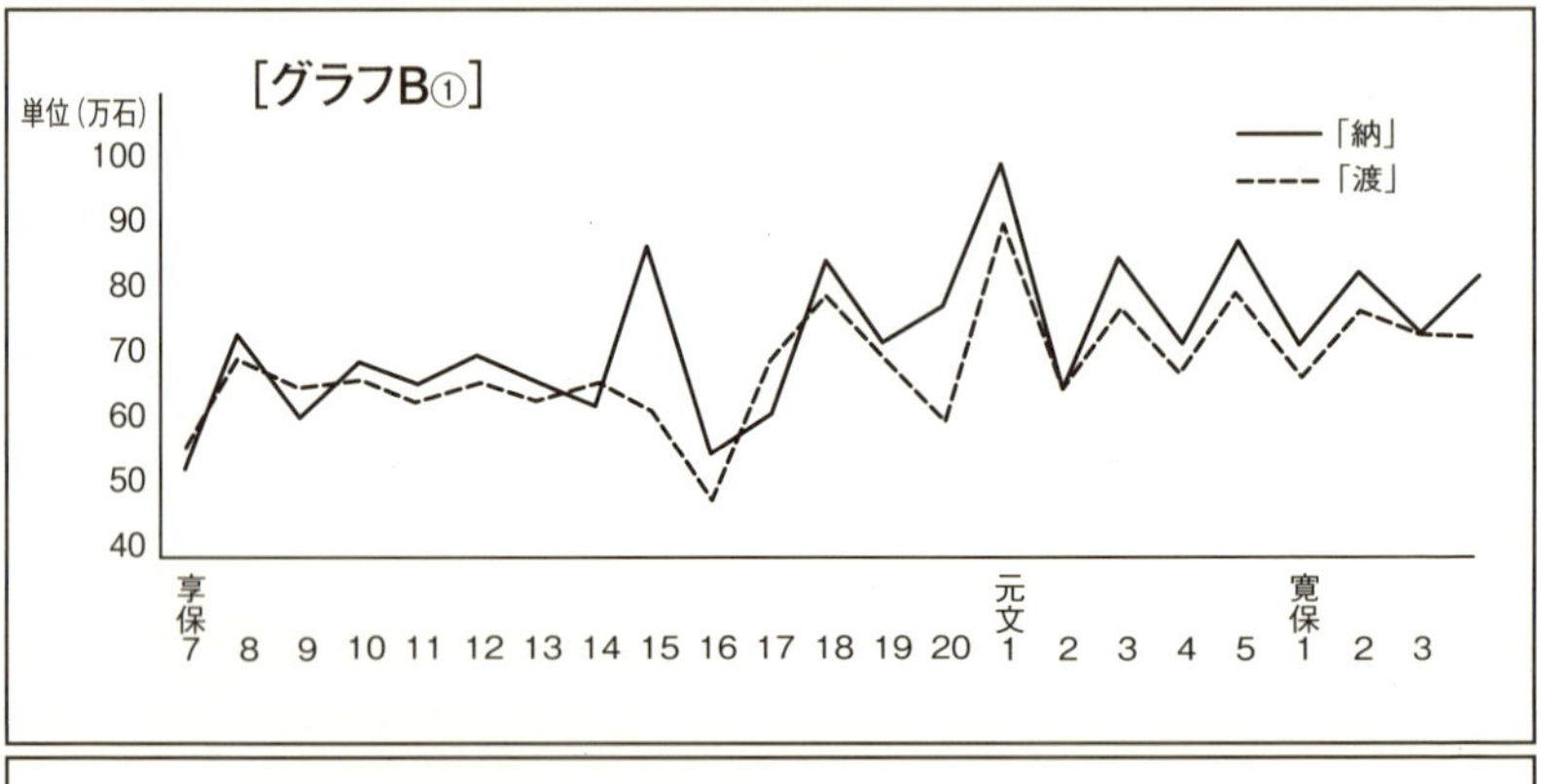
[グラフB①]
単位（万石）
100
90
80
70
60
50
40
「納」
「渡」
享保7
8
9
10
11
12
13
14
15
16
17
18
19
20
元文1
2
3
4
5
寛保1
2
3

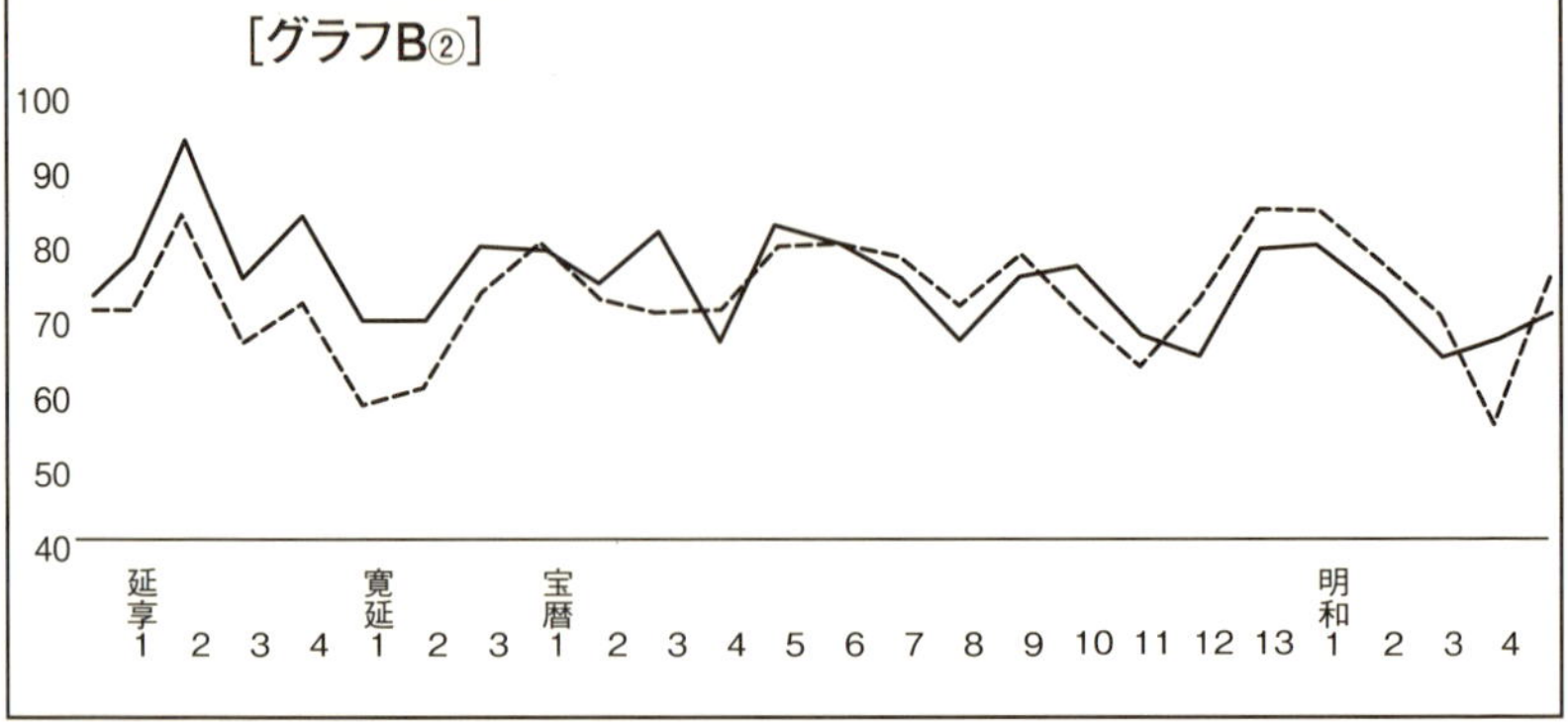
[グラフB②]
100
90
80
70
60
50
40
延享1
2
3
4
寛延1
2
3
宝暦1
2
3
4
5
6
7
8
9
10
11
12
13
明和1
2
3
4

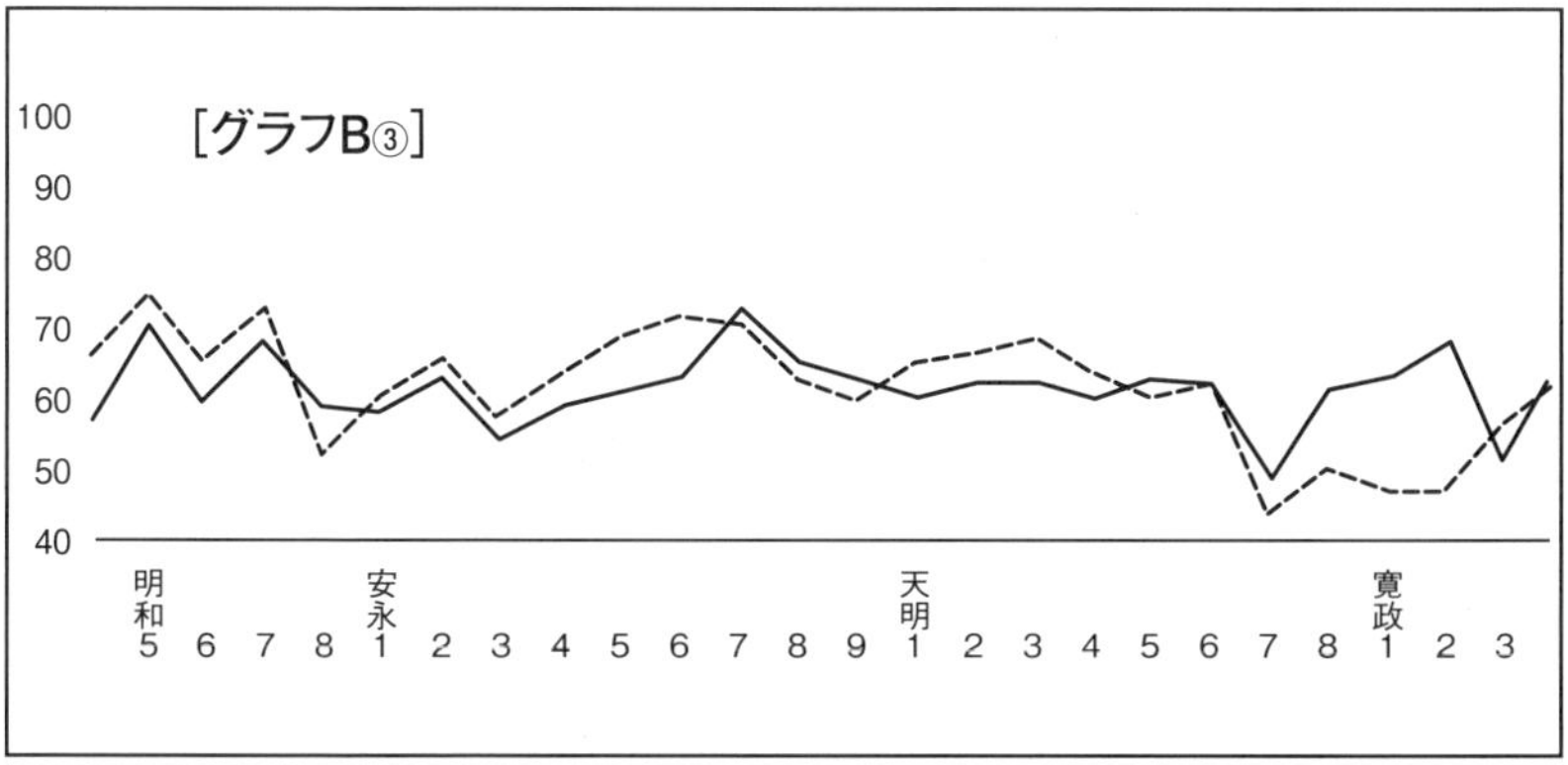
[グラフB③]
100
90
80
70
60
50
40
明和 5 6 7 8
安永 1 2 3 4 5 6 7 8 9
天明 1 2 3 4 5 6 7 8
寛政 1 2 3

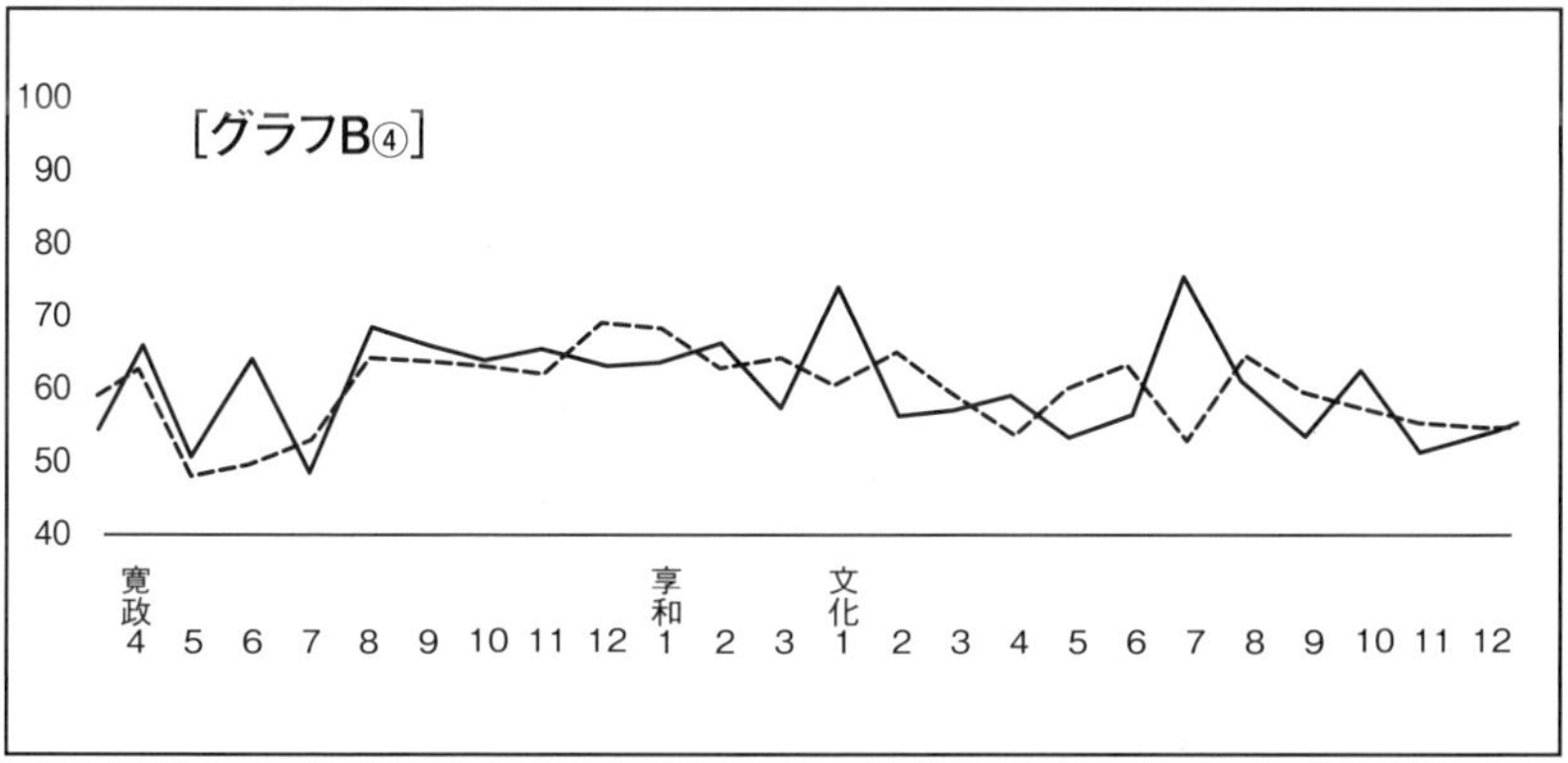
[グラフB④]
100
90
80
70
60
50
40
寛政 4 5 6 7 8 9 10 11 12
享和 1 2 3
文化 1 2 3 4 5 6 7 8 9 10 11 12

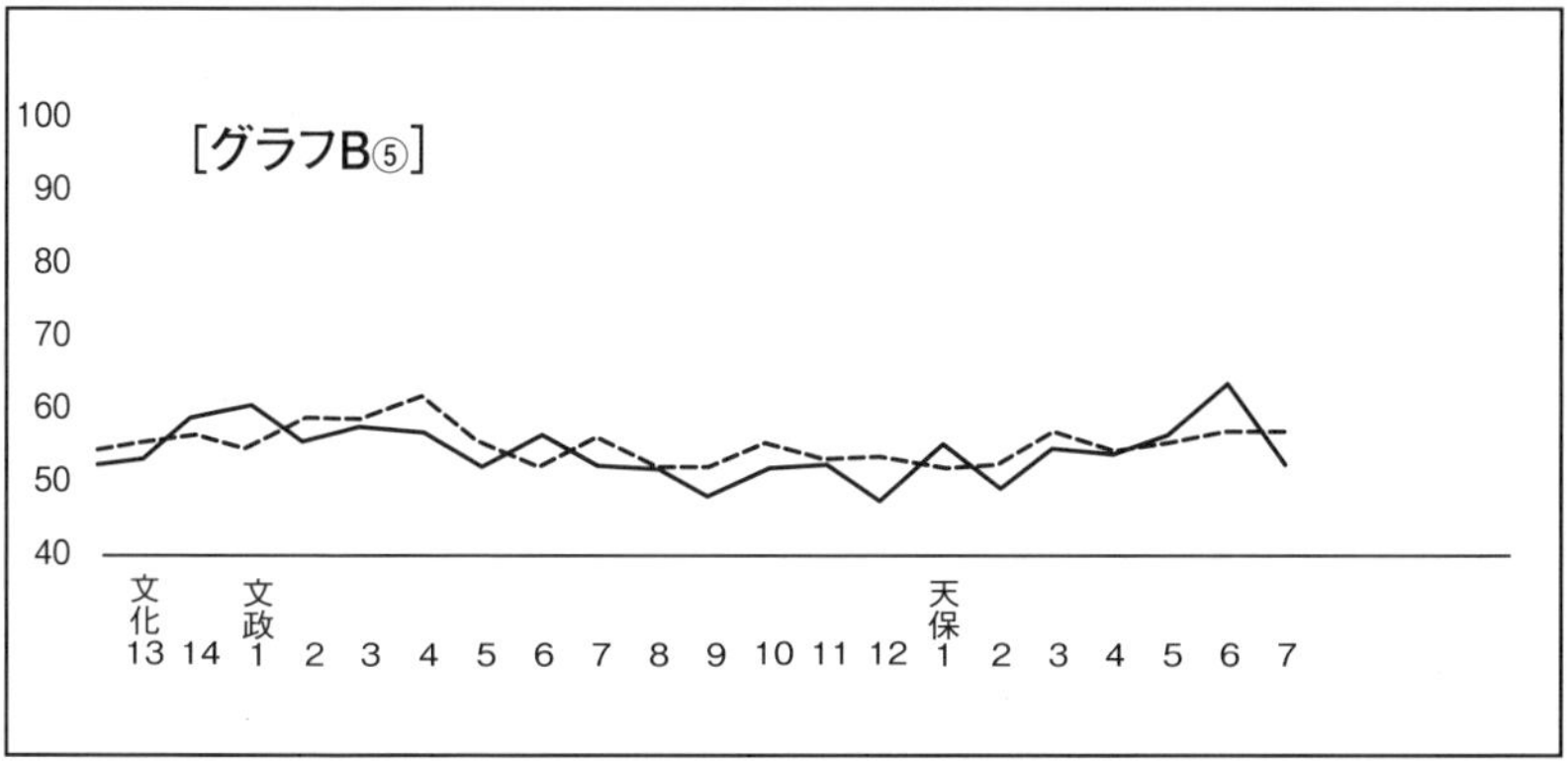
[グラフB⑤]
100
90
80
70
60
50
40
文化 13 14
文政 1 2 3 4 5 6 7 8 9 10 11 12
天保 1 2 3 4 5 6 7

含まれている『誠斎雑記《せいさいざっき》』とよばれる史料から作成したものです。幕府の財政は、米による収支と金による収支に二大別されていましたが、［グラフA］は、米による収支の五ヵ年平均を示したものです。また、［グラフB①〜⑤］は、［グラフA］の基となる年毎の米の「納」（収入）と「渡」（支出）を示したものです。これらのグラフから、一八世紀後半の宝暦・明和・安永・天明頃にかけては、米の「渡」が「納」をかなり上回っており、いわば赤字の状態が特徴的に生じていることが推測されます。因みに政治史上この時期は、側用人から老中に昇進した田沼意次《たぬまおきつぐ》の田沼時代に相当しています。

『誠斎雑記』の内容自体より厳密に検討する必要がありますし、また、米による収支が赤字になっている原因が、幕府・代官の言うように石代納の増加による廻米の不足なのか、簡単には断定できませんが、前ページのグラフからは、ある程度その裏付けが得られそうです。また、この明和四年の廻米要求は、幕府の御触書をまとめた御触書集の中にも、前に引用した中野幕領の「被仰渡書」と同内容の御触書が確認され、廻米の吟味は、信濃や飛驒の幕領だけでなく、石代納をしているその他の幕領でも遂行されたと推定されます。しかしこの一方で、明和四年の申し渡しの内容には、廻米の要求とともに石代値段の引き上げを狙う意図も表れており、この段階では政策の方針が、廻米の要求のみに絞りきれてはいない様子も窺われます。

一方、代々石代納を続けてきた百姓にとっては、廻米か石代納かは、死活問題ともいえる大問題でした。百姓達が今後どのような請願運動を繰り広げるのか、また、暴発して百姓一揆などが起こりはしないか、様々なことが気になります。

Ⅱ　安永中野騒動

はじめに

今回は、江戸時代の後半、奥信濃（長野県東北部）の江戸幕府直轄領で起こった「安永中野騒動《あんえいなかのそうどう》」という百姓一揆を紹介したいと思います。この稿では、百姓一揆に至る過程での代官と百姓のやり取りで、多少面白そうな駆け引きを三つほど紹介し、次いで百姓一揆が起こった背景について説明して、授業では扱わない歴史の一端を垣間見ていただこうと思っています。なお、その駆け引きを少しでもリアルに感じていただこうと、やや煩雑になりますが、原史料の一部を引用しています。原文書は、お家流とよばれる崩し書きで書かれたいわゆる古文書ですが、原文の調子をなるべく残しながら書き下し文にしてあります。原文を引用したことには、歴史は、主に史料（古文書）をもとに構成されているということを、改めて認識してもらおうという意図もあります。また、この稿は、「Ⅰ　廻米と石代納」の続編ともいえる内容です。関心のある方は、前の稿も参照していただきたいと思います。

1　中野幕領

中野幕領の説明に入る前に、よく出てくる四つの用語について、あらかじめ説明しておきます。この他にも説明が必要な語句が出てきますが、説明するとかえって煩雑になるため、省略することにします。

廻《かい》　米《まい》：年貢米を廻送すること。この稿の場合は、年貢米を幕府江戸米蔵まで廻送すること。

石代納《こくだいのう》：年貢を地域の米相場などに基づいて金銭に換算し、年貢を金銭で納入する方法。百姓にとって有利な場合が多かった。

皆《かい》　済《さい》：年貢などの納入を全て済ますこと。完納すること。

吟《ぎん》　味《み》：念入りに調べること。

信州中野代官所支配下の幕領（幕府直轄領）は、江戸時代中期には領域がほぼ安定し、高井郡・水内《みのち》郡を中心に、石高約五万石、村数約一三〇ヶ村程の規模になっていました。各地に分かれていた代官所も、順次中野村（現中野市）に統合されていました。領域は、中野平・木島平とよばれる平地を中心に、奥信濃から一部は越後（新潟県）にかけて、千曲川の流れに沿うように南北に長く伸びていました。また、中野幕領の周辺には、飯山藩・須坂藩・松代藩などの藩領がありました。なお、江戸時代後期の信州の幕領は、四つの代官所が分割して支配しており、そのおおよその配置は、信州東北部（高井・水内・佐久・埴科《はにしな》郡等）と南部の伊那郡が中心で、信州全体のおよそ五分の一程度の範囲でした。

中野幕領では、江戸時代前期から石代納が行われており、年貢は、中野近隣の飯山・須坂・善光寺三町の米相場をもとに金銭に換算され、代官所には全て金銭納されていました。また、年貢は四回に分けて納入されており、十月初納、十一月二納、十二月三納、翌年三月四納（皆済）となっていました。

2　代官と百姓の駆け引き

安永中野騒動の説明に入る前に、まず「安永中野騒動略年表」と「百姓一揆関係略地図」を次ページ以降に掲げておきます。廻米問題は、明和四年段階を第一期、明和八年からの段階を第二期と、二期に分けて考えたいと思います。第一期は、比較的短期間で吟味が終わりましたが、第二期は、かなり執拗かつ強硬な吟味が繰り返されています。

安永中野騒動略年表

〔廻米問題第１期〕		
明和４（1767）	閏９月	廻米吟味が開始される
	閏９～10月	村役人等が代官に廻米免除を訴願
	10月	廻米に関する調査への返答書を提出
〔廻米問題第２期〕		
明和８（1771）	９月	廻米吟味が再開される
	12月20日	上州（群馬県）中之条代官所で信州４幕領合同の廻米吟味
明和９・安永元（1772）	正月17日	中野代官所で廻米吟味
	３月	上州中之条代官所で信州４幕領合同の廻米吟味
	６～７月	各代官の江戸役所で廻米吟味
安永２（1773）	閏３月23日	上州中之条代官所で信州４幕領合同の廻米吟味
	５～６月	江戸廻米に要する費用の見積書を代官所に提出
	８月	私領並の廻米なら請けてもよい旨の文書を提出（最後の廻米関係史料）
〔皆済期月問題〕		
安永２（1773）	秋	代官から正月皆済の申し渡し
	12月	従来どおり３月皆済を訴願
安永３（1774）	正月	再度３月皆済を訴願
安永５（1776）	２月	２月15日皆済の申し渡し、これに対して３月皆済を訴願
	４月	代官より正月皆済の厳重な申し渡し
	９月	代官、妥協策を示して再度正月皆済の申し渡し
安永６（1777）	正月12日	木島平から百姓一揆発生
	13日	代官所に３月皆済、年貢減免（免下げ）の強訴
	14日	飯山藩出兵
	２月12日	江戸から代官や吟味役人ら到着、松代藩・飯山藩も同行して出兵
	２月	強訴の廻状が再度廻されるが、強訴には至らず
	４月	百姓一揆の吟味がほぼ終了し、代官や吟味役人ら江戸に戻る
	８月	百姓一揆の処罰等の申し渡し
	９月	新田検地実施の申し渡し
		飛騨大原騒動・安永中野騒動の処罰を引用した御触書出る

百姓一揆関係略地図

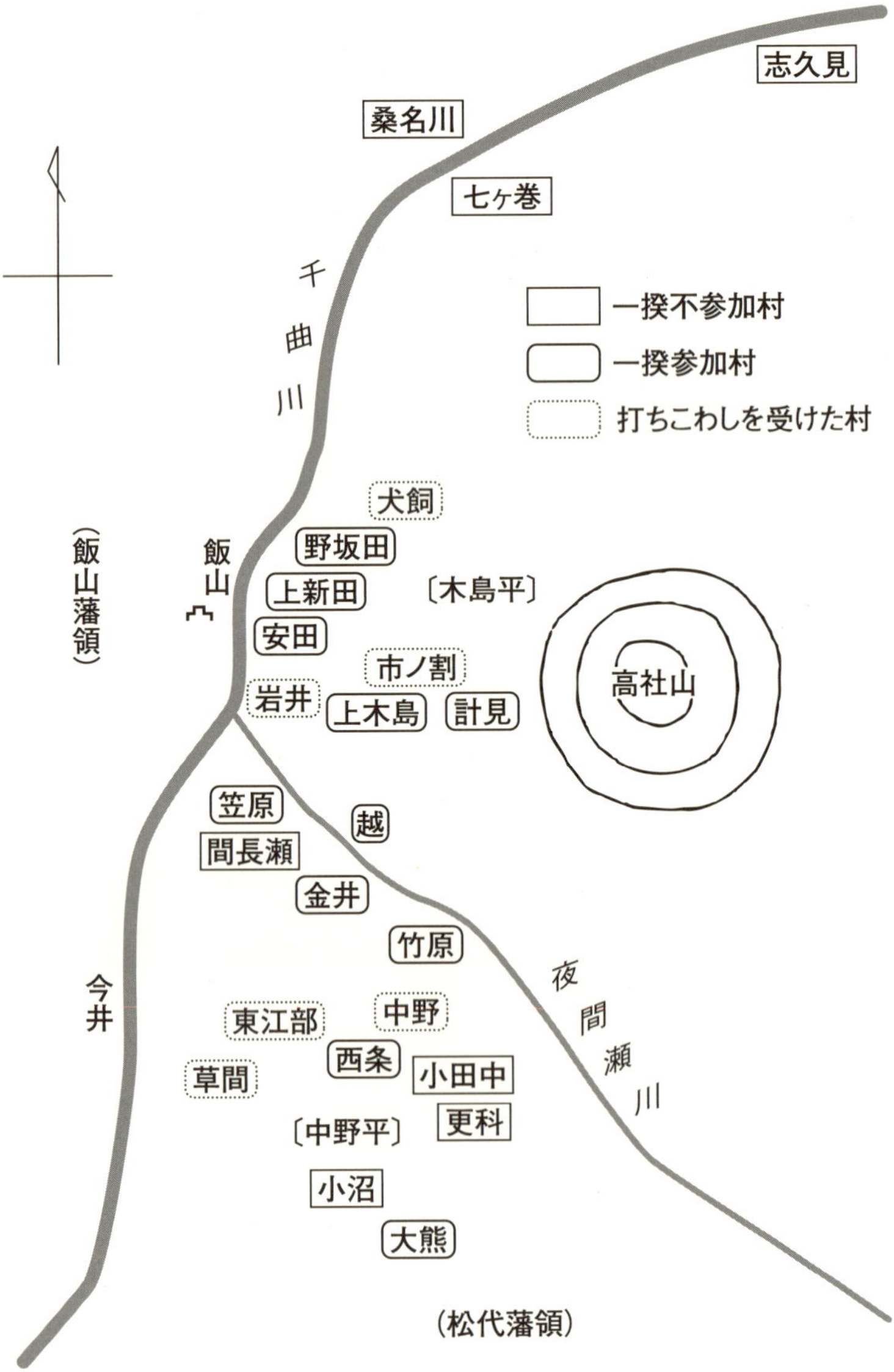
志久見
桑名川
七ヶ巻
千曲川
一揆不参加村
一揆参加村
打ちこわしを受けた村
犬飼
野坂田
飯山
上新田
〔木島平〕
(飯山藩領)
安田
市ノ割
高社山
岩井
上木島
計見
笠原
越
間長瀬
金井
竹原
夜間瀬川
今井
東江部
中野
西条
草間
小田中
〔中野平〕
更科
小沼
大熊
(松代藩領)

では、百姓一揆に至るまでの間の、代官と百姓のやり取りや駆け引きの事例を三つ紹介します。この項で使っている史料は、全て地元に残された古文書からの引用で、村役人から代官所に提出されたものです。したがって、直接的には村役人と代官所とのやり取りになっていますが、代官の背後には、勘定所（勘定奉行）の意向があることが窺え、また、村役人の背後には、農地を多く持たない小前百姓《こまえびゃくしょう》達の動向があることも分かります。

⑴　年貢初納金の受取り

明和四年閏九月、今年から年貢の石代納は認めず、江戸に廻米するとのことで、それに関する吟味を開始することが、代官所から村々名主達に申し渡されました。しかし、代官所側でも、廻米吟味の開始は申し渡したものの、中野幕領では永く石代納をしており、また、奥信濃は深雪地帯のため、江戸への米穀の輸送は困難と考えていたものと思われます。廻米の吟味には時間がかかるだろうとの判断から、代官大野佐左衛門は、年貢の初納分は、取り敢えず金銭納を認めることを百姓に申し渡しました。しかし、この趣旨の書類を代官が勘定所（勘定奉行）に提出したところ、勘定所では受理されずに返却されてしまいました。江戸廻米をするよう吟味を始める前に、代官所で初納金を受け取ったのでは、年貢の金納を容認することになりかねないので、まず廻米の吟味をせよ、との理由でした。このため代官は一転して、初納金を受け取らないことを百姓に申し渡してきました。代官側のこのような混乱に対して、百姓が代官所に提出した文書の一部が次のものです。やや長文になりますが、書き下し文で引用してみます。

此の度私共取立て候初納金の分、御役所へ御預かり置き下し置かれ候様、惣百姓一同願い奉り候、畢竟《ひっきょう》右之分畑方御年貢分に御座《ござ》候間《そうろうあいだ》、私共願相立たず御廻米仰せ付けられ候とても、畑方之分は金納仰せ付けらるべき義、其の義も相立たず米納仰せ付けらるべく候はば、其の分右金を以って買い納め仕り候より外御座無く候間、其の節右金高御渡し下し置かれ候はば、納め遅れにも相成らず、百姓甚だ勝手に相成り、且つ御吟味筋にも相障り申すまじき義に存じ奉り候、

大意は、以下のようです。このたび百姓が集めた年貢の初納金を、代官所に預かって置いて下さいますよう百姓一同お願い申し上げます。この金は、つまり畑の年貢分ですから、もし百姓の願いが叶わず、廻米が申し付けられても、（畑では米を作っていないので）畑の分の年貢は金納となるはずです。畑の分の年貢も金納ではなく米納を申しつけられるとすれば、（代官所に預かってもらった）初納金で米を買って納入するほかはないので、その際には預かっていただいた金額をお渡しいただければ、年貢の納め遅れにもならず、百姓にとっては非常に都合がよ

く、かつ初納金を代官所に預かって置いたからといって、廻米吟味の支障にはならないはずだと思います。

いつの時代にも理屈を考える者はいるものです。百姓側は、代官所に預かってもらう初納金は、畑の年貢分にあたるとか、畑分の年貢も廻米となったら、代官所に預かってもらった初納金で米を買って納入するとか、また、初納金を預かって置いたからといって廻米吟味に支障はないはずだとか、とにかく理屈をつけて、初納金を代官所に受け取らせ、なし崩しで金納を続けようというのです。また、代官所や勘定所側も、このようになし崩しで金納を続けさせないよう、初納金の受取りに拘ったのだと思われます。

廻米問題の第一期は、代官と勘定所の間にも政策遂行上の行き違いが見られ、廻米は、必ずしも強硬に実行しようとした政策ではなかったとも思われます。また、「Ⅰ　廻米と石代納」で触れたように、明和四年閏九月の申し渡しには、廻米の要求とともに、石代値段の引き上げを狙う意図も表れています。幕府・代官側の政策遂行にやや不統一があったためか、第一期の廻米問題は、吟味も長く行われず、結果的には石代納が続いていました。

⑵　「一郡は同様」の論理

明和八年九月、この年の年貢四納分から廻米せよとの強硬な方針で、第二期にあたる廻米吟味が再開されました。また第二期では、信州の四つの幕領全体に対して、「一国同様」「信州一同」の方針から合同の吟味が繰り返され、代官江戸役所での吟味も行われました。これに対して奥信濃深雪地帯の中野幕領では、年貢米輸送の困難が特に大きかったため、廻米は百姓が一年で潰れてしまうほどの大問題であると受け止めて、百姓が地域的にも連帯した強力な反対運動が行われました。代官所からは、村毎の吟味が申し渡されていたのですが、各村の負担が大きくなることを理由として、近隣の概ね五ヶ村程度で構成されていた組合村を単位に、合計一六名の代表者も自発的に選出されました。次に廻米吟味の際の、代官からの下問の一部を引用します。

此の度御廻米御吟味の儀は、一国同様の儀に候えば、難儀・迷惑の申し立てばかりにてはお聞済みこれ有るまじき儀、然る上は同国ほか御支配村々御請け仕り候はば、信州一同の儀、違背これ無き哉、

大意は以下のようです。今回の廻米吟味は、信州「一国同様」に行っているので、（中野幕領のみ）「難儀・迷惑の申し立てばかり」ではお聞き届けにはなるまい。それならば、信州の他の幕領で廻米を承諾したら、「信州一同」であるのだから、背くことはないか。（信州の他の幕領で廻

米を承諾したら、中野幕領でも承諾するのだな。）

この吟味に対して、「ほか村方御請け仕り候とも、当郡中の儀は御免御願い申し上げ候」と、廻米の請負を拒否しています。「当郡中」とは、中野幕領全体をさしています。また、中野幕領近隣の村々が、江戸廻米を請負ったらどうかという吟味に対しても、「最寄村々御請け仕り候とも、当郡中の儀は、御請け仕り難し」と、重ねて拒否しています。廻米問題の第二期では、かなり執拗かつ強硬な吟味が続いたのですが、代官側から明確に申し渡されることはなく、結果的には廻米は強行されませんでした。

これに代わるように、安永二年秋から要求され始めたのが、年貢皆済にあたる四納分の納期を、従来の三月十五日から正月十五日に二ヶ月繰り上げることでした。この皆済期月問題は、廻米問題ほどには大問題ではなかったこともあり、百姓が地域的に連帯した強力な反対運動は、結果的には起こりませんでした。しかし、中野幕領北部の地域では、冬季には「深雪」で米穀が運搬、売却できないため、雪解け後の三月でなければ年貢皆済は困難であるとして、正月皆済にも反対する動きが根強くありました。このような動きに対して、安永五年九月に、大野佐左衛門の後任の代官臼井吉之丞が、判を押して百姓に渡した文書の中には次のような一節があります。

我等支配所は奥信濃深雪の場所勝ち故、別段之趣再応申し立つと雖も、一郡は同様たるべく思し召す、

大意は、次のようです。（代官は勘定所に）自分の支配所である中野幕領は、奥信濃で深雪地帯が多いために、特別であるとの理由を再三申し立てたが、（勘定所では）「一郡は同様」であるとお思いである。

廻米問題第二期では、百姓側は「当郡中」との地域的な連帯を形成して、一致して反対運動を行っていました。しかし、皆済期月問題では、既に安永二年の段階で、中野幕領南部の一部地域が「年内皆済」を承諾するなど、百姓側の地域的な連帯は形成されずにいました。勘定所や代官は、このような百姓内の情勢を見て、「一郡は同様」という論理を持ち出して、百姓に正月皆済を認めさせる根拠にしているのです。廻米問題での「当郡中」という百姓側の地域的な結束が、皆済期月問題では、「一郡は同様」の論理で、代官側に逆手に取られていると言えます。

(3)　代官の妥協策

安永五年四月、代官臼井吉之丞は、従来にない厳しい調子で百姓に正月皆済を申し渡しました。その最後の部分を引用します。

我等支配所の義年々遅納に付き、猶又急度《きっと》仰せ渡さるこれ有る間、当申《さる》御年貢金の義、此の節より出精致し、来る酉正月十五日限り、遅滞無く急度皆済せしむべく候、若し違背せしむるにおいては、落度たるべきもの也、

安永元（明和九）年に全幕領の年貢金の皆済期月の改正があり、この改正では、信州は正月皆済とされていました。ところが引用部分にあるように、中野幕領のみ「年々遅納に」なっているので、代官は勘定所から厳しく申し渡されていると記されています。安永五年二月初旬には、代官は妥協策として、安永四年分の年貢の二月十五日皆済を申し渡していましたが、これも実行されませんでした。このため代官は四月になって、安永五年（申年）分の年貢は、翌酉年正月十五日に「遅滞無く急度皆済」することを厳命し、もし背く者は「落度」とするとして、強硬な方針を明らかにしています。

これに対して中野幕領では、一致した反対運動を起こすことはなく、村々名主達は、正月皆済を承諾する請書《うけがき》を代官所に提出しました。しかし、先に述べたように正月皆済は、幕領北部の深雪地帯では、必ずしも軽い問題ではありませんでした。これに加えて、廻米反対運動の過程で、小前百姓達の活動が先鋭化しており、皆済期月問題でも依然として不穏な情勢が続いて

いたのです。次に、明和九年正月に、村役人から代官所に提出された文書の一部を引用しますが、このような小前百姓の情勢を伝えています。

村々小前百姓共直々にお願い申し上げたく申し、得心仕らず候処、大勢の者共罷り出で候ては「騒動ヶ間敷《がましき》」儀にも相聞こえ恐れ入り、殊に大勢罷り出で御歎き申し上げ候とて、謂《いわ》れ無く御聞届けこれ有るべき様もこれ無く、却って御歎きの差し障りに相成り候間、村役人共疾《とく》とお願い申し上げ候に付き、相止め候様精々利害申し聞かせ差し押さえ置き候程の儀にて、甚だ難渋の段相違御座無く候、

大意は以下のようです。（江戸廻米の問題を小前百姓達も知り）村々の小前百姓達が代官所に直接に嘆願に行きたいと言って納得しないので、（村役人が小前百姓に）そのように大勢で行っては騒動のように聞こえて恐れ多い、特に大勢で行って嘆願申し上げたからといって理由なくお聞き届けになる訳ではなく、却って村役人達の嘆願の支障になるので、村役人達がしっかりお願い申し上げるから、なんとか止めるように申し聞かせて小前百姓達を抑えているような次第で、村役人達が非常に難渋していることは相違ありません。

廻米問題の第二期では、廻米問題が小前百姓にも知らされるようになり、村役人から代官所

に提出された文書の中に、小前百姓が直接代官所に訴願に行って騒動になりかねないという「騒動がましい」不穏な情勢を伝える文言がいくつか表れてきます。また、村の中で交わされた文書の中にも、同様の語句が表れています。村役人達は、先鋭化する小前百姓をなんとか抑えて代官所との訴願にあたっていると申し立てていますが、これは代官所との交渉を有利にするための駆け引きではなく、事実であったと考えられます。

安永五年九月、代官臼井吉之丞は、その年の作柄などを視察するために村々を巡回した際に、このような「騒動がましい」不穏な情勢に配慮したためか、代官自ら押印した文書を百姓に渡し、皆済期月に関する妥協策を示して、改めて正月皆済を申し渡しました。前項⑵で引用した安永五年九月の文書の他の部分にあたりますが、その妥協策の要点は以下のようです。

① 今年一年だけ「金」（小判などの金貨）だけを正月に上納し、端数にあたる「銭」の分は、三月上納でよい。
② それ以後は、また従来どおり三月皆済を認める。
③ 自分が転任しても、次の代官に三月皆済を認めていることを申し送る。

代官が九月に提示したこの妥協策は、四月の高圧的な調子とは全く異なっています。代官は、勘定所と「騒動がましい」情勢の百姓との板ばさみになり、苦渋の決断で正月皆済は今年一年だけとするなどの妥協策を示したとも考えられます。しかし、②や③の、今後は三月皆済を認めるという条件は、代官に厳重な申し渡しをしている勘定所の了解があったとは考えにくい内容です。代官は、取り敢えずなんとか一年正月皆済を実行させようと考え、「騒動がましい」百姓の切り崩しや懐柔を狙って、硬軟両様の対応策を採ったとも考えられます。真相は、史料が十分残っていないこともあって分かりませんが、前項(2)で引用したように、同じ文書の中で、「一郡は同様」であるとして正月皆済を求めていることや、百姓一揆直後でも、二月中に年貢を皆済させていることなども含めて考えると、代官は百姓に理解ある態度を示しつつ、まず一度正月皆済を行わせ、一度できたことはまたできるはずだとして、正月皆済を続けさせることを狙っていたのではないかと思われます。

3　安永中野騒動

(1)　百姓一揆発生

安永六年正月初め、中野幕領北部の村々に、密かに廻状が廻されました。その内容は、年貢上納について代官所に訴えに行くので、村毎に二名ずつ代表者を出し、その他の百姓は、全員木島平に集まれ、とのことでした。この廻状を廻した中心者は、上新田村年番組頭藤助でした。正月十二日（陽暦換算一七七七年二月十九日）、この廻状に応じた北部の村々百姓が、木島平に集まりました。

木島平に集まった百姓や一部の村役人達は、まず犬飼村に向かいました。これは、犬飼村名主が最初に正月皆済を請負ったために、他の村々も止むなく代官所に承諾書を出すことになった、という理由でした。このため百姓達は、最初は代官所とは逆の北の方向に向かうことになります。犬飼村名主は、家屋や家財道具類を破却する「打ちこわし」を最初に受けることになり、その後打ちこわしは、合計六か村の名主宅に行われました。これらの名主達は、正月皆済を請負う上で、積極的に策動したと見做されていました。

木島平に集まる百姓は順次増え、百姓達は、市ノ割村、岩井村の名主宅を打ちこわして中野村に向かいました。途中で中野平周辺の百姓とも合流し、中野村名主宅を激しく打ちこわし、その後十三日午前に、中野代官所に三月皆済、年貢減免（免下げ）などを強訴《ごうそ》しました。なお、強訴の際には、訴状などは提出されませんでした。さらに強訴の後にも、中野平周辺の百姓を中心に、東江部村、草間村の名主宅の打ちこわしが行われました。

⑵　百姓一揆後

百姓一揆後、中野幕領では暫く混乱した事態が続きました。一方、勘定所の吟味役人や臼井吉之丞代官らは、二月三日に江戸を出発し、二月十二日に中野代官所に到着しました。また、飯山藩・松代藩もこれに同行して出兵し、それぞれ中野村内の寺院に駐屯しました。翌十三日には、中野幕領全名主が代官所に召集され、百姓一揆の捜査が始まりました。なお、到着した吟味役人らに対して、再度強訴する旨の廻状が廻されましたが、これは一揆にはなりませんでした。

四月に入ると、百姓一揆の捜査はほぼ終了し、一揆の首謀者と見なされた百姓達が江戸に護送され、次いで吟味役人や代官らも江戸に戻って行きました。なお、出兵した松代藩（真田家）の史料として、農政関係の記録である『御郡方《こおりかた》日記』が残されており、百姓一揆の捜査の様子などを一部知ることができます。

八月には、百姓一揆の処罰の申し渡しが行われました。藤助ら二名が頭取として獄門、六名が遠島、三名が追放となりました。処罰者は、全員木島平周辺の村役人や百姓でした。藤助ら二名の頸は、八月九日から三日間、安田村付近の渡船場で晒首にされました。なお、遠島・追放となった者の内五名は、処罰申し渡しの前に、既に獄中で「病死」となっていました。また、一揆に参加者を出した七二ヶ村には過料（罰金）が課され、不参加の三六ヶ村には褒美の銀が与えられました。

翌九月には、村々に新田検地の実施が申し渡されました。この新田検地は、田畑の周囲に切り開かれた僅かな耕地を新たに課税対象とする年貢増徴策であり、中野幕領の百姓達は、これを百姓一揆への報復と受け止めていたとも言われています。

4　安永中野騒動の背景

次に安永中野騒動が起こった背景について、三つの観点から考えてみたいと思います。百姓一揆の首謀者は、理由の如何《いかん》によらず極刑になりました。百姓が集団となって、領主に要求を強硬に訴えること（徒党・強訴）は、それ自体が厳しく禁じられていたからです。このことは百姓にも既に周知のことであり、百姓一揆が起こるのには、それ相応の原因がありました。安永中野騒動発生の原因は、以下の三つの要因だけではないはずですが、これらの要因もそれぞれ複合して、百姓一揆発生に至ったと考えられます。

⑴　「騒動がましい」情勢と連帯の崩壊

皆済期月繰り上げに関して、代官側は、次のような認識を示していました。村役人などの主だった百姓は、繰り上げ上納ができるはずだし、小前百姓は、一時的に借金をするなどをしても、なんとか上納できるはずである。

江戸時代でも、奥信濃では冬場の出稼ぎなどが既に広く行われていましたが、正月皆済ではその給金がまだ手に入らず、年貢四納分の二ヶ月繰り上げ上納は、代官側の認識ほど軽い問題ではなかったと思われます。また、収穫した米を代金納する上では、百姓には米相場のよい時期を見計らって米を換金する必要度が高まります。特に冬季に物資の輸送が困難な深雪地帯の小前百姓にとっては、皆済期月の繰り上げは、より切実な問題であったと考えられます。しかし、これだけでは、本格的な百姓一揆が起こる原因としては不十分です。

百姓一揆が起こった原因を考える上では、皆済期月問題と廻米問題を連動させて考える必要があります。廻米問題では、中野幕領の百姓間に連帯が形成され、小前百姓の「騒動がましい」動きを抑えつつ、村役人達による代官側への訴願が行われました。しかし、皆済期月問題では、このような連帯は形成されませんでした。中野幕領南部の地域では、既に安永二年の段階で「年内皆済」を請負っていました。これは、この地域では降雪量が少なく、冬季でも米穀の運搬、売却が比較的容易であったためと考えられます。また、この地域では、人口や参詣客も多い北信濃最大の善光寺町の米穀需要があったことも考えられます。門前町である善光寺町では、城下町とは異なり、大名（藩）が徴収した年貢米が大量に売却されることはなく、その分周辺の村々への米穀需要は大きかったと思われます。さらに、経済的に余裕のある百姓にとっては、年貢四納分の繰り上げ上納は、代官側の認識にあるように既に重大問題ではなく、廻米が阻止できた以上は、正月皆済は止むを得ないと判断していたと思われます。このように皆済期月の繰り上げ問題では、百姓は地域的にも階層的にも足並みが揃わず、これに加えて、代官の巧妙な百姓への妥協策の提示や、一部名主達の説得工作もあり、廻米問題で形成された百姓の連帯は、完全に崩れてしまいました。

皆済期月問題では、安永五年四月の代官からの厳重な申し渡し以降は、代官所への訴願は行われませんでした。しかし、廻米問題以来の小前百姓達の「騒動がましい」情勢は、依然として続いていたのです。そして皆済日の間際になっても、一部の小前百姓は、手元に年貢金を用意できませんでした。これらの小前百姓や村役人の一部は、廻米問題のような百姓間の反対運動の連帯が既に崩れてしまっていたために、廻米問題以来の「騒動がましい」情勢を背景に、代官所に直接の訴願を実行したのです。

百姓一揆後の安永八年に、村役人から代官所に提出された文書の中には、百姓一揆が起こった時の様子を伝える次ような記述があります。

深雪のために人馬の通行が困難になって、小前百姓は米穀の売却ができず、皆済日が近づいても金銭を用意できずに困ってしまった。小前百姓は、結局は村役人達の訴えの甲斐がなくて正月皆済を請負い、このように難渋しているのだと思い、この上は小前百姓が直接代官所に訴えに行こうと騒ぎ立てた。村役人達がよくよく説得して抑えようとしたが聞き入れず、心得違いをして騒動になってしまった。

(2) 百姓の階層分化

百姓一揆が起こった他の要因として、この時期の中野幕領で、百姓の階層分化が始まりつつあったことも挙げられます。今風にいえば、百姓の間に「経済格差」が広がりつつあったのです。この原因の一つとして、いわゆる江戸幕府三大改革の一つである享保の改革があります。享保の改革は、幕府制度の多方面にわたる改革でしたが、最大の課題は、幕府の財政赤字の解消でした。改革の結果、幕府財政は一時的に黒字に転換しましたが、これは主に百姓からの年貢増徴によって達成されました。幕領では、その年の作柄に応じて年貢率を決める年貢徴収方法に代えて、年貢率を毎年一定にする定免法《じょうめんほう》を採用して、年貢率（免）を徐々に引き上げていく政策が採られたのです。

享保の改革後、中・小の百姓の困窮が進み、幕領でも百姓一揆が多発するようになっていきますが、中野幕領でも同様の情況にありました。安永中野騒動の強訴の中に、「免下げ」が急遽追加されているようですが、これは必ずしも場当たり的に出された要求とは言えないのです。

(3) 村方騒動の増加と「古名主」への反発

①村方騒動と年番名主制

村方騒動は、一般的には村役人の不正を平百姓が糾弾するような表れ方をします。また、広域にわたる百姓一揆が起こる前には、村方騒動が多発している事例が数多くあります。この時期の中野幕領では、廻米問題による「騒動がましい」不穏な情勢が広がり、また、経済格差の拡大によって困窮する百姓が増える中、村方騒動が増大していました。中野幕領では、村方騒動の結果、定名主《じょうなぬし》とよばれる代々の名主が交代して、年毎に順番に名主を務める年番名主に代わっていく場合が多く見られましたが、その逆はありませんでした。

村方騒動との関連も考えると、年番名主は、定名主より平百姓の立場に概してより近いと考えられます。これを表すように、一揆に参加した村の約半数は年番名主制であり、これに対して、不参加村では、その割合は二割程度でした。また、打ちこわしを受けた六人の名主は、全て定名主でした。平百姓の立場に近い年番名主の中には、小前百姓の動きを制止しきれなかった者や同調した者もあったと思われます。

②中野村名主ら「古名主」への反発

一揆頭取の藤助は、正月十日、村内の百姓を観音堂に集め、次のように語ったと記されています。既に「年内皆済」を請負う村々があり、かつ代官側は「一郡は同様」の論理を示しており、藤助の言葉は、村人の危機感を高めたことと思われます。

> 今月十五日に皆済などということを、上様が仰ったはずは決してない。これはきっと中野村名主をはじめ、「村々古名主の仕業」に違いない。今回正月十五日に皆済すれば、来年

は年内皆済になるだろうと思う。私は、去年の冬から他の村々の様子を問い合わせているが、正月十五日に皆済したいという村々百姓は一人もいない。

藤助が言う「古名主」とは、定名主にあたると考えられます。正月皆済は、中野村名主をはじめとする「村々古名主の仕業」に違いないと述べており、藤助の言葉からは、一部の「古名主」達への強い反発が窺えます。百姓一揆が起こった背景には、このような「古名主」達への反発が百姓内部にまずあって、その延長から百姓一揆に至ったことも考えられます。このことは、次のa～dに述べる百姓一揆の際の百姓達の行動からも裏付けられます。

a　一揆の廻状に応じて木島平に集まった百姓達は、代官所への強訴に向かう前に、先ず正月皆済を最初に請負った犬飼村名主宅の打ちこわしを行いました。このため百姓達は、最初は代官所とは逆の北の方向に向かっていました。

b　中野に着いた百姓達は、まず中野村名主宅を打ちこわし、それが終わった後に代官所に強訴をしています。強訴が第一の目的であったとすれば、代官所への強訴が先に行われていたと考えられます。

c　この百姓一揆では、代官所への強訴の際に訴状が提出された形跡はなく、強訴自体の事前準備は必ずしも十分ではありませんでした。また、代官所で「口々に」強訴した際にも、要求が三月皆済の一点に絞りきれていなかったと言えます。

ｄ　代官所での三月皆済等の強訴は、その場ではひとまず聞き届けられていましたが、強訴の後にも、二軒の定名主宅が打ちこわされています。、強訴が百姓一揆の唯一の目的であったとすれば、強訴後にも打ちこわしが行われる必要はなかったと考えられます。

先に述べたように、廻米問題に較べて皆済期月問題は、百姓の階層によってその重大さが異なっており、このことが小前百姓層の「古名主」達への反発を一層助長させる要因になっていたことも考えられます。

なお、藤助も言及している中野村名主は、最も激しい打ちこわしを受けました。代官所膝元の中野村名主は、代官所と村々名主達の仲介をして、名主達を取りまとめる郡中代とよばれる役割ももっていました。中野村名主善右衛門は、廻米反対運動では、「高井郡惣代」として代官江戸役所での訴願にも行っていましたが、皆済期月問題では、村々にその承諾を説得する側に回っていました。打ちこわしを行った百姓達にとって、善右衛門は、いわば裏切り者のような存在になっていたと思われます。中野村名主宅の打ちこわしを詳しく記した史料からは、善右衛門は酒造業なども営んで、かなりの財力を蓄えていたことが分かり、また、村々への割当金などで不正をしていたとの記述も見られます。百姓一揆後の中野村名主は、郡中代と兼任しない年番名主制に代わり、また郡中代も、中野村名主と兼任しない年番制に代わります。これらのことから、安永中野騒動には、村を超えた幕領規模の村方騒動とも言える性格があったと考えられます。

5　飛騨大原騒動との関連

最後に一点追加になりますが、中野幕領から少し視野を広げて、ほぼ同時期に起こった飛騨（岐阜県）大原騒動との関連にも触れたいと思います。安永中野騒動とぼぼ同時期に、一国全てが幕領である飛騨では、郡代（広域の幕領を支配する代官）大原父子に対して、大原騒動とよばれる大規模な百姓一揆が継続的に起こっていました。この二つの百姓一揆は、安永中野騒動の処罰が申し渡された翌月の安永六年九月に、全国の幕領・私領に対する幕府の御触書で取り上げられています。この御触書では、二つの百姓一揆での磔《はりつけ》・獄門・死罪などの処罰の内容が逐一引用され、その後で、一揆の首謀者は首を刎《は》ねられ、その父母妻子は路頭に迷い、「誠に不憫《ふびん》の至り」であると述べられています。さらに、「徒党・強訴」をすれば、このように厳罰になることを村役人達が軽く考えて、普段から百姓によく言い聞かせていないようなので触れ知らせておくから、「永く忘却」してはならないと、かなり長文の御触書になっています。

百姓一揆の処罰者数などを具体的に列挙する御触書は、極めて異例です。このような異例な御触書が出された背景には、二つの百姓一揆が隣接する国でほぼ同時期に起こったからだけではなく、一揆の原因に共通の幕領政策があったことを考える必要があります。大原騒動では、江戸廻米・皆済期月繰り上げ、新田検地などの一連の政策が、百姓一揆の原因になりました。一方中野幕領でも、廻米問題、皆済期月問題に次いで、一揆の処罰が申し渡された翌九月、新田検地が申し渡されていました。飛騨と信濃の幕領では、この時期に同様の政策が遂行されていたのであり、幕府は、二つの幕領で同様に百姓一揆の抵抗を受けていたのです。幕府の御触書は、刑死者数などを具体的に示して、百姓を威嚇するような体裁になっていますが、見方を換えれば、これには幕府の危機感が表れているとも受け取れます。幕府の年貢増徴政策は既に限界に達しており、これに代えて幕府は、飛騨や信濃で新たな幕領政策を実施し、これに対して同じように百姓一揆の抵抗を受けていたのです。

江戸時代後期以降、「永く忘却」しないように出されたこの御触書にもかかわらず、百姓一揆は、幕領でも藩領でも増え続け、また、激しくなっていきました。その後の百姓一揆の増加や激化は、幕藩体制とよばれる江戸時代の社会体制を動揺させる一つの大きな要因になっていきました。

おわりに

この稿は、「安永中野騒動」という百姓一揆を、なるべく分かりやすく、かつ多少なりとも面白くと思って書き始めましたが、当初の予定より原稿がやや長くなってしまいました。この稿では、安永中野騒動の原因になった幕領政策の背景などを扱っておらず、よく分からないこともあると思いますし、また、誤りが含まれている可能性もあると思われます。どうしても気になる方は、いつか自分で調べてみるのもよいかと思います。調べたり、考えたりした方が、歴史の面白味は増すものです。拙稿にお付き合いいただいた方に、心より感謝致します。

第二部　歴史研究

安永中野騒動の形成過程

はじめに

信州中野代官所支配下の幕領（以下中野幕領と略す）で起こった安永中野騒動[1]（第一部Ⅰ21ページ「安永中野騒動略年表」参照）は、同時期の飛騨大原騒動とともに、安永六年九月の幕府による全国法令[2]（触書）の中で引用されている。その一部を左に掲げる。

強訴徒党逃散は前々より御法度之処、遠国之百姓共弁も無之、難立願を企、及強訴、又は徒党して遺恨有之者之家居を打こわす類有之、其度々御仕置ニ相成、去ル巳年も飛驒国之者共地所之改を令難渋、致越訴、江戸表ニおゐて吟味中、国元之社地へ大勢集、御代官陣屋え令強訴、及狼藉、厳敷吟味之上、頭取之内大胆成致働候もの四人は磔、拾弐人は獄門、壱人死罪、差続候もの拾三人遠島、夫より以下品々御仕置申付、取鎮候もの共ハ白銀被下之、其身一代帯刀、永く苗字　御免、其外徒党強訴ニ不加者共、逸々御褒美等有之候処、当

春信濃国高井、水内両郡之百姓共、御年貢期月之儀を申立騒立、吟味之上、今般頭取之もの弐人は獄門、差続候もの六人遠島、其以下追放等御仕置相済、差押不加もの共同様御褒美御誉等有之候、

飛騨と信濃で、ほぼ時を同じくして起こった二つの一揆の処罰の内容を具体的に列挙するとともに、「御仕置ニ相成候者、其身は首を被刎、先祖より之株をつふし、父母妻子は路頭ニ迷ひ候、弁も無之愚昧之仕業ニて、誠ニ不便之至候」と記述しており、この法令から、百姓を威嚇することによって、徒党・強訴の禁止を徹底させようとする幕府の意図を、明瞭に読み取ることができる。さらに法令の最後では、「畢竟常々村役人共等閑ニ心得、百姓共え不申教故之儀と相聞間、得と可弁ため触知らせ置條」と、徒党・強訴の禁止について、村役人に対しても督励を加え、「永く忘却致間敷者也」と、この法令を結んでいる。しかし、この法令にも拘わらず、天明期以降は幕領においても百姓一揆が増大していく。幕藩体制の転換期と言われる宝暦―天明期に起こった安永中野騒動は、飛騨大原騒動とともに、幕領での百姓一揆増加期の前段階に位置していると言えよう。

一方、百姓の抵抗運動である一揆や訴願運動が形成される際には、百姓内部の情況だけでな

く、領主側の施策やまた領主の百姓への対応などが、その形成過程に大きな影響を与えているはずである。百姓一揆や大規模な訴願運動が形成されるためには、農民側・領主側双方に、それぞれこの背景となる要因があり、また、それらが複合される必要があると考えられる。従来の農民騒擾研究は、農民の階層分解や商品流通過程などの、主に百姓内部の問題から、騒動の形成過程を説明しようとする傾向が強く、領主側の施策や領主側の百姓への対応が、騒動形成にどのような効果や役割を果たしていたかについては、充分な解明の手が加えられないできたと言える。特に幕領においては、史料的制約や、また多くの幕領政策が未解明なことなどにもより、この傾向は一層強いと言えよう。

本稿では、この「永く忘却」されかけていた安永中野騒動を題材に、百姓内部の情況（第三章）だけでなく、幕府の幕領政策（第一章）や、また代官が、幕領政策や百姓にどのような対応を採ったか（第二章）も含めて考察し、さらに一揆の経過等を明らかにすること（第四章）によって、騒動の形成過程を構造的に解明することを試みる。

第一章　幕府の幕領政策

この章では、安永中野騒動で問題となった廻米政策と皆済期月政策の二つの幕領政策に考察を加え、この二つの政策を、転換期と言われる宝暦—天明期の幕府財政上に位置づけることを試み、またこれとともに、これら二つの政策が採られた幕府財政上の背景を探ることをも試みる。

第一節　廻米政策

天明六年十月の代官に対する申し渡しは、明和から天明にかけての廻米令の中でも、特に注目すべき内容を含んでいる。いま『牧民金鑑』(上巻　五一〇~五一一頁)から、その一部を左に引用する。

都而国々御年貢米之内、近来者年々願石代相増御廻米不足ニ付、以来者願石代之義難相立候間、不残御廻米之積、勿論定石代金納いたし来候分も、地直段下直之分者、遂吟味廻米可被致候旨、明和四亥年松右近将監[3]殿江伺之上申渡候後、御廻米増方ハ勿論地直段も格別相直候処、又々近年いつとなく奥羽越後国之分、別而御廻米相減し、不熟米安直段を以被申立、其上定石代之分ハ定法之取斗相崩し、不相当之儀共被申立候類も有之候、然ル処去々辰年水出羽守[4]殿より、別段被仰渡も有之候ニ付、其段申渡各承知之事ニ候、依之去巳年之儀も、不熟米安直段之被申立相止可申処無其儀相聞候、（中略）当検見之節、定石代之外ハ、前々之通不残御廻米之積り申渡、帰府後御取箇帳差出候節、御廻米員数取極書付可被差出候、尤実ニ不熟米之村々も有之候ハヽ、米性劣候共、是又御廻米之積り可被取斗候、

午十月

以下に、この申し渡しを中心にした考察を行う。冒頭に「都而国々御年貢米之内、近来者年々願石代相増御廻米不足ニ付」とあるような、年貢の金納増加によって廻米が減少しているという事態は、「田沼期に入るころから現米納部分は低下傾向を明らかにする。代金納比率はこの逆である」とする、古島敏雄氏の指摘[5]とも一致すると考えられる。このように年貢の金納分の増加を理由として廻米を命じる法令は、天明七年以降、天明の大飢饉の影響の深刻化に伴って発令されるような、「近年打続米価高値にて、下々難儀に及」ぶことを理由に、「向寄々々より江

第1表　廻米政策関係法令一覧表

安永	6年	7月	牧民上－501
天明	3	8	財経1－359
〃	3	12	天明集成2472≒財経1－21
〃	6	10	牧民上－510≒財経1－361

○57ページ第3表（注）を参照

戸表に廻米致し、払米数多被致候儀肝要之事に候」とする廻米令と、性格は明確に異なっている。さらにこの時期の幕府の法令を検討してみると、この天明六年十月のような主旨の申し渡しは、第1表にあるように、この他にも安永六年七月、天明三年八月、同十二月と、合わせて四回行われたことが、刊行されている法令集からは確認することができ、また安永六年以前のものは、管見の限り確認し得ない。しかし、引用部前半の「明和四亥年」にされたとする申し渡しは、第二章第一節で述べるように、同年信州の幕領での廻米吟味の開始を告げる代官の申し渡しと、全く同一内容であり、これは信州以外の幕領にも申し渡されたものと推測される。また、前掲史料中に「去々辰年水出羽守殿より、別段被仰渡も有之候」とあるように、明和九年（安永元年）にも、同主旨の申し渡しが行われたことが推定され、この種の申し渡しは、明和四年から天明六年にかけて、かなり頻繁になされていたことが推定される。

次に、このような廻米令の目的の考察に移る。前掲史料中の「以来者願石代之義難相立候間、不残御廻米之積」や「実ニ不熟米之村々も有之候ハ、米怔劣候共、是又御廻米之積り可被取斗候」との文言に見られるように、まず第一の目的は、廻米の増加にあったことは明瞭である。また、これと同時に、「定石代金納いたし来候分も、地直段下直之分者、遂吟味廻米可被致候」や「御廻米増方ハ勿論地直段も格別相直候」(傍点引用者)とあるように、廻米の増加とともに石代値段の引き上げをも狙ったものであったと考えられる。

以下に天明六年十月の代官への申し渡しを中心に、考察してきたことを要約する。①明和四年から天明六年にかけて、年貢金納の増加を理由としていると見做し得る廻米令が、しばしば出されている。②これらの廻米令の第一の目的は、廻米の増加にあったが、それと同時に石代値段の引き上げをも目的としていたと考えられる。

次に右のような廻米政策が遂行された、幕府財政上の背景について検討する。廻米の問題は、本来は米価とも密接な関係があるはずであり、また宝暦から明和・安永にかけては一般に米価安の時期である。第2表は、『日本財政経済史料』の中から、貯穀関係の法令をまとめたものであるが、米価安を反映して宝暦—安永期には、貯穀関係の法令が頻発されている。本稿ではこのような米価の問題をも含めた検討はなし得ないが、明和から天明にかけて、幕府が執拗に江戸廻米を督促した背景には、先に指摘したような年貢の金納増加により、年貢米の「渡」が「納」を上まわるような、いわば現米収支の不償いという事態が幕府財政上にあったのではないかと

第２表　貯穀関係法令一覧表

	年	月	巻－頁	内　　容
宝暦	3	4	5 － 162	万石以上籾囲置方
〃	3	9	1 － 437	江戸廻米二歩減
〃	3	9	1 － 477	置籾の外一万石に付き籾千俵貯方
〃	4	2	1 － 479	置籾の外一万石に付き籾千俵囲置方
〃	5	7	1 － 479	万石以上の貯穀詰替方
〃	5	12	1 － 480	置籾の内一ヶ年分払出方
〃	6	2	1 － 480	諸大名貯穀方
〃	10	7	1 － 480	〃
〃	10	9	5 － 103	江戸廻米石数及減高届出方
〃	11	5	1 － 481	諸大名一万石に付き籾千俵貯方
〃	11	10	1 － 481	囲籾俵数充実方
〃	12	3	1 － 482	囲籾の詰替方諸大名へ達
〃	13	5	1 － 482	万石以上の置籾の払出方
安永	3	1	5 － 162	万石以上へ囲籾方達
〃	3	1	2 － 78	米価安価に付き米買入資金の貸付
〃	3	2	2 － 78	米買入元手金貸付
〃	3	9	1 － 483	万石以上囲籾方
〃	4	9	1 － 483	万石以上囲籾新籾にて詰替方
〃	6	9	1 － 483	万石以上囲籾勝手次第

○関係法令はすべて『日本財政経済史料』による。
　なお、表中の「内容」は、『索引編』「編年目次」を転載した。

推測する。安永六年七月の廻米令の「御廻米近年相減、御蔵方御差支ニ相成候上者、不熟米並米不足等之申立を以、願石代金納之儀ハ難二相立一候」（傍点引用者）との文言は、この現米収支の不償いという事態の反映と考え得よう。第一部 Ⅰ 14～15頁の「グラフA・B」[6]に示すように、宝暦年間の終わりから天明年間の半ばにかけては、数ヶ年を除きほぼ恒常的に年貢米の「渡」が「納」を上回っており、またこのような現米収支の不償いという事態は、宝暦―天明期の幕府財政上に特徴的に表れているが、金納の増加を理由とした廻米令が出されていた時期が、これとほぼ一致することは、右の推測を裏付けている。

第二章第一節で述べるように、安永中野騒動における、明和四年から安永二年にかけての廻米関係史料からは、石代値段を引き上げようとする幕府・代官側の意図は見出し得ず、江戸廻米のみを要求しているとしか考え得ない。また現実に中野幕領において、この時期に石代直段に大きな変動は見出し得ない[7]。また、信州の他の幕領での廻米政策でも、明和四年段階で一部石代値段の引き上げを狙う代官側の動きが見られたが、以後は執拗に江戸廻米を要求する吟味が繰り返された。信州幕領に対する度重なる廻米吟味は、宝暦―天明期に遂行された幕府の廻米政策の一環であり、また信州の幕領では、この時期の幕府財政上に特徴的に表れた、現米収支の不償いを解消しようとする幕府側の政策意図が、前面に出たものと推定される。

第二節　皆済期月政策

第3表は、皆済期月関係の法令で、管見に触れたものをまとめたものであるが、宝暦―安永期を中心に、これとかかわる前後の法令を掲げてある。各法令の一つ一つに詳しくは立ち入らないが、その主旨の変遷を以下に概観する。

元文二年の段階で、年貢金納の分は、一応二月までに皆済し、「右之通に皆済難成分は三月中を限り急度皆済不納無之様可被相心得候」[8]とされ、また江戸廻米着期月も定められた。延享三年になると、初めて国毎に皆済期月が明確に定められ、国別の納期は、二月から七月までの間に配分される形となっている。これが安永元年十一月に、金納分のみ改正され、それぞれ皆済が一ヶ月ずつ繰り上げられると同時に、初納・二納の期月も定められている。この時信州は、正月皆済、初納は八月晦日まで、二納十一月晦日までと定められた。第二章第二節で述べるように、代官臼井吉之丞[9]が安永五年四月、信州中野幕領の村々に対して申し渡した「御年貢金納方之事去ル辰年ゟ諸国御改有之、信州之義ハ八月ゟ翌正月限リ皆済被仰渡」とは、この安永元年の改正を指していたのである。

この間には、明和二年、同三年、同七年と、代官に対して皆済期月を守るよう申し渡される

ことが相次いでいるが、明和七年十月の申し渡しは、取り分け厳しい調子になっている。いま

その全文を、『牧民金鑑』（下巻　六四五頁）から掲げる。

第３表　皆済期月政策関係法令一覧表

	年	月	日	法　令　集
元文	2	9	15	禁令考 4 − 331 ≒ 牧民上 − 643 ≒ 財経 5 − 31 ≒ 財経 4 − 655 ⊃ 財経 1 − 84
〃	2			財経 1 − 436
延享	2	9		財経 5 − 34 ⊃ 財経 5 − 33
〃	3	9		財経 1 − 57 ⊃ 財経 1 − 85
宝暦	10	5		天明集成 2457 ≒ 財経 2 − 213
明和	2	8	11	財経 1 − 86
〃	3	6	25	牧民上 − 644
〃	7	10	25	牧民上 − 645 ≒ 財経 8 − 980
〃	7			牧民上 − 645 ≒ 財経 2 − 214
安永	1	11		牧民上 − 646 ≒ 財経 1 − 86
〃	5	7		牧民上 − 648
〃	6	8		財経 4 − 666
天明	7	7		牧民上 − 650 ≒ 財経 1 − 87
〃	7	9	4	財経 1 − 88
寛政	4			財経 2 − 214

（注）牧民：『牧民金鑑』
禁令考：『徳川禁令考』
財経：『日本財政経済史料』
天明集成：『御触書天明集成』
Ａ⊃Ｂ：ＢはＡの一部と思われる。
Ａ≒Ｂ：ＡとＢは同一の法令とみなし得る。
上－643等は、「上巻643頁」の意（禁考令は「帙－頁」）。

御年貢取立皆済之儀者、各御役儀第一之事ニ而、百姓之為ニも早速相納候得者、油断無之宜敷儀者不及申、出精可被致事ニ候、既ニ期月前皆済御褒美も被下候処、期月過候而も取立後れ、毎度御勘定所より及催促候得共、当座逃之日限等差出、其上ニも及延引候面々も間々有之、御役儀専一百姓之ためにも不宜儀を延々ニ被致候段、甚以如何之儀、勤方未熟故と以外之事ニ候、以来期月前皆済ハ勿論之事、無謂義を彼是申延候者、銘々勤方未熟吹聴も同前ニ而、畢竟持高手余り候故之儀ニ可有之間、高減者勿論、勤方等閑之趣申上可及沙汰候条、急度相改出精可改候、以上、

十月

小　日向守

石　備後守(10)

申し渡しの終わりの方では、皆済期月を守らぬ代官に対しては、支配高を減らすことも含め、必要な措置が採られるであろうことが述べられている。

右の申し渡しにも、「既ニ期月前皆済御褒美も被下候処」との文言があるが、皆済期月厳守の申し渡しには、必ずこのような褒賞に関する記述が出ている。次にこの褒賞制度の変遷を追っ

てみよう。

次の史料は、延享二年九月の「遠国御代官皆済期月極候書付」[11]とある書付の一部である。

(前略)期月より前月皆済二年も続候御代官へは、年内皆済仕候御代官之通、御褒美被下可然奉存候、

一、関東筋は只今迄之通、年内皆済之分御褒美被下候積り付、正月皆済期月之積申渡可然奉存候、

(この間一条略)

一、大名御預ヶ所之分は、右国之期月一同に申渡置、御代官に准じ皆済宜分へは、掛り役人相応之御褒美被下候はゞ、はげみにも罷成可申と奉存候、

右之通奉伺候、以上、

丑九月

右之通、伺之上相極る、

関東筋の代官は、従来から褒美が与えられることになっていたのであるが、遠国代官も二年続けて「期月より前月皆済」すれば、褒美が与えられることが定められたのである。これが宝暦十年になると、次のように改められることになる(12)。

遠国御代官期月前皆済仕候もの、初年は弐ヶ年続候上御褒美被下、夫より引続皆済仕候得ば、毎年被下候、向後は期日前皆済仕候ハヽ、関東之通、初年より壱ヶ年ニて御褒美被下候間、其趣可被心得候、

遠国代官も、期月前に皆済すれば、一ヶ年でも褒美が与えられることになったのである。これは延享二年段階では設けられていた、遠国代官と関東筋の代官との区別が、撤廃されたことを意味しており、宝暦十年段階で、褒賞制度は一段と強化されたと言える。なお、この褒賞制度は、寛政四年の法令によると「皆済御褒美之儀、以来定式には被下間敷候、(中略)尤定例御褒美不被下置とて、皆済之儀は当前之勤に候得者、弛之筋無之」(13)とあり、寛政期の諸改革の際に廃止されたと考えられる。

処罰と褒賞の成果が上がったためか、安永五年になると皆済期月関係の法令の中に、「前々

者、年内皆済期月前皆済とも邂逅の儀ニ候処、皆済之人数多相成候段、全出精ゆえ之儀一段之事ニ候」[14]との一節が登場し、一定の成果が上がったことを窺わせている。さらにこの一節の後では、具体的な事例を挙げて、皆済期月に固執するあまり、かえって「村々難儀之筋」にならぬように「能々勘弁」するよう述べられている。この安永五年の申し渡しの後は、安永六年八月の代官組合[15]申し合わせ事項の中に、皆済期月遵守の一項が入っている他は、先に引用した寛政四年の法令までは、関係法令は見出し得ない。

以上の考察、特にその褒賞制度の変遷に注目すれば、宝暦―安永期にかけて、皆済期月の厳守は、幕府の一貫した政策であったと考え得る。

中野幕領においては、「前々御支配之節も度々二月皆済被仰付候得共、二月金償不罷成村方ニ付御訴訟申上、既ニ大野佐左衛門[16]様御支配之節も、江戸表へ御訴訟ニ罷出、二月金償難相成訳柄申上、御聞済被下置」[17]のように、安永中野騒動以前にも、皆済期月問題が生じていたことを窺わせている。また安永六年正月の一揆の直接のきっかけとなった、大野佐左衛門の後任代官臼井吉之丞による、安永五年四月と同九月の正月皆済の申し渡しも、この期における幕府の皆済期月厳守という一連の皆済期月政策の一環だったのである。

次に、このような一連の皆済期月政策が採られた背景を考察する。前述したように、延享三年の改正では、国別の納期は二月から七月に配分される形となっていたが、これは本来秋に集中しがちな年貢収入を、極力年内に分散させ、これにより幕府の金利負担を軽減することを目的としているとも考えられよう。また一方、宝暦期には幕府の年貢収量はほぼ頭打ちとなるが、年貢増徴策が限界に達した後、幕府は年貢の遅納・未納の防止を徹底する方針を明確にし、これによって、限られた年貢収入を期限内に確実に徴収する政策をより強化していたことが、この背景にあったとも推測しうる[18]。このような観点から、安永中野騒動で問題となった皆済期月政策も、転換期とされる宝暦―天明期に特徴的な幕領政策として位置づけられよう。

以下に第一章を小括する。

安永中野騒動で問題となった廻米政策・皆済期月政策は、ともに宝暦―天明期に推進された一連の幕領政策であり、それらが信州中野幕領でも遂行されたのである。廻米政策は、宝暦―天明期の幕府財政上に特徴的に表れる現米収支の不償いを解消しようとするものであった。また、皆済期月政策は、年貢増徴策が行き詰まった後、年貢の遅納・未納を防ぐことに重点を移すことにより採られた政策であり、これも転換期と言われる宝暦―天明期を象徴する幕領政策であったと考えられる。

第二章　代官の対応

この章では、先に考察を加えた廻米・皆済期月などの幕領政策が、信州の幕領で、代官によってどのように遂行されようとしたのかを考察する。幕府の対幕領政策は、代官によって各支配地で遂行されることになるが、代官の対応に関しては、代官の幕領政策や、勘定所などの上級機関への対応とともに、支配下の村々・百姓等への代官の対応も含めて考察する。また、考察の中心は中野幕領であるが、必要に応じて、信州の他の幕領での政策遂行の動向も考察に加えていく。

第一節　廻米政策

信州各幕領に対する廻米政策は、明和四年段階と、明和八年から安永二年までの、二つの時期に分かれて遂行されようとした。いまこれを、前者を廻米政策第一期、後者を廻米政策第二期として分けて、代官の対応を検討する。

明和四年閏九月、代官大野佐左衛門により、中野幕領の村々に、次のような申し渡しが行われた[19]。

都而国々御年貢米之内、近来者年々願石代相増、御廻米不足ニ相成候間、以来者願石代難相立候間、不残御廻米之積り、勿論定石代金納仕来候分茂、地直段下直之分者、御廻米之積可致吟味候旨松《(松平)》右近将監殿被仰渡候旨、小野日向守被仰渡候、当国村々之儀者、前々ゟ定石代金納仕来候得共、右之通被仰渡、勿論所値段与ハ乍申下直ニ候間、御廻米之積り追々可遂吟味候間、可得其意候、尤当作出穀米取散候儀ハ不相成候間、其旨相心得、請書可差出候事、

亥閏九月

願石代の増加により、廻米が減少しているとして、以後は願石代は認めず、また定石代金納をしてきた信州も、石代値段が安いために廻米の吟味を始めることを申し渡したものである。またこの申し渡しは、第一章第一節の冒頭で引用した、天明六年十月の廻米令と同一主旨の内容である。因みに中野幕領では、寛永年間から石代納制が採られており[20]、年貢は近隣の飯山・須坂・善光寺三町の米相場によって立てられる御立値段（石代値段）に基づいて金納され

ていた[21]。中野幕領の石代値段は、江戸の張紙値段の約半分程であり[22]、「当作出穀米取散候儀ハ不相成候」と、当年年貢分から早くも廻米させようとする方針を打ち出している。

これに対し、早くも代官在陣中に、村々村役人達が種々難儀の事由を申し立て、従来通り石代納を認めるよう、訴願運動を開始するが、これに対する代官大野佐左衛門の対応には、次に述べるように混乱が見られる。「御吟味之義急々ニ相決シ不申候間、当亥年之分前々之通金納可仕旨被仰渡、難有奉承知候」[23]と、詳細な廻米吟味には時間がかかりそうなことを理由に、当年年貢分は金納を認める旨を、一度は百姓側に申し渡している。しかし代官が十月二日に、差し当たり当年分の年貢は従来通り石代金納とし、来年分の年貢から詳細に廻米吟味を行いたい旨の伺書を、勘定所に差し出したところ、「当亥年之義ハ差懸リ候義ニ御座候間、是迄之通石代金納被仰付度旨、来子年ゟ之義、来春委細御吟味被成可被仰上旨、当月二日御書付ヲ以御勘定所江被仰上候処、左様候得ハ難被仰付候間、委細御吟味被成御伺可被仰上旨被仰渡、御書付御返被成候」[24]と、代官は詳細に廻米吟味をするように勘定所より申し渡された上、代官の伺書も受理されず、返却されている。これにより代官大野佐左衛門は一転して、「御廻米之積御吟味被成候義ニ付、初納金取立被成候而ハ、石代御取立被成候筋ニ相当リ候間、御取立難成旨被仰聞候」[25]として、今度は逆に、年貢の初納金も取り立てない旨を申し渡してきたのである。

このような代官側の対応の混乱に対し、百姓側は巧妙な理由をつけて、すかさず訴願をしている。廻米吟味の内容をまとめて、村々三役人連印で代官所に差し出した、明和四亥年十月十六日付けの書付[26]の中から、その一部を左に掲げる。

> 此度私共取立候初納金之分、御役所ヘ御預リ置被下置候様惣百姓一同奉願候、畢竟右之分畑方御年貢分ニ御座候間、私共願不相立御廻米被仰付候とても、畑方之分ハ金納可被仰付義、其義も不相立米納可被仰付候ハヽ、其分右金ヲ以買納仕候外無御座候間、其節右金高御渡し被下置候ハヽ、納後レニも不相成、百姓甚勝手相成、且御吟味筋ニも相障リ申間敷義ニ奉存候、

右の史料を要約すれば、①初納金は畑方分の年貢に相当するし、②もし畑方の分も廻米することになったら、預けた初納金で速やかに「買納」ができ、「納後レ」にならず、③また初納金を預り置いたからといって、廻米吟味に支障はないはずだと、巧妙な理由をつけ、既に集められていた初納金を、代官所に受け取らせようと願い上げているのである。百姓側が初納金にこだわるのは、既成事実から済し崩しに金納を続けようと考えたためであろうし、逆に幕府・代官

側も、このために初納金も取り立てないと申し渡したものと考えられよう。

またこの十月には、廻米に関しての「御尋」に対する返答書[27]が村々から差し出されているが、「御尋」の内容は、①川下場迄の里数、②五里内は百姓役とするが、五里外も村々で附出すことができるか、③五里外では駄賃がどの位必要か等の三ヶ条である。これに対して村々は、①越後国今町湊までの里数を記し、②村では馬が少ないために、五里外は宿継を願い、かつ③五里外は宿継を願うため、村では駄賃に関しては分からない旨を返答している。

以上のように、中野幕領においては廻米政策第一期の段階では、代官と勘定所の間に廻米政策遂行上の混乱を窺わせながら、当面の争点が、江戸廻米から初納金の受け取りに関する問題へと転化している。また、代官大野佐左衛門の廻米吟味では、石代値段の引き上げの意図を窺わせるものは、見出し得ない。

一方、伊那郡を中心とする嶋隼人飯島代官所支配下の幕領では、廻米政策第一期の段階で、江戸廻米とともに石代値段の引き上げを狙う政策が採られていた。明和四丁亥十二月十二日付けで、廻米吟味の内容をまとめた次のような書付[28]が、伊那郡箕輪領二八ヶ村惣代一四名から、飯島代官所に差し出されている。

当亥年之御年貢諸国一同願石代相止ミ、定石代之場所も直段下直之分ハ、御廻米ニ可被仰付旨御奉行所様ゟ被仰渡候段、於飯島御役所ニ郡中一同被仰渡、右石代御窺不相済以前年貢米不引散様ニ可仕旨被仰渡、石代御伺被成候所、六升九合安之儀難相立、不残御廻米ニ被仰付候、然処御廻米ニ被仰付候而ハ、村方難義ニも可有之、平均直段を以石代上納可仕旨被仰渡、御吟味ニ御座候、

（中略）何卒御勘弁を以、此度御糶上并御廻米右両様之御吟味御免被成下、前ゝ之通リ六升九合安ニ而御取立被下候様ニ奉願候、猶又被仰聞候者、右両様之内何連成共御請不仕候而ハ御伺難被成候間、平均直段請候儀難相成候ハゝ、御廻米ニ可被仰付旨種々利害被仰聞、再応御吟味ニ御座候、

引用部冒頭の部分から、飯島代官所支配下の幕領でも、中野幕領と同様の廻米政策が遂行されていたと推定される。しかし、飯島代官所支配下の幕領では、「平均直段請候儀難相成候ハゝ、御廻米ニ可被仰付旨」とあるように、江戸廻米とともに、石代直段引き上げの意図が明確に表れている。またこの廻米吟味に対応して、これに先だつ明和四年十一月には、安石代の来歴に関する調査[29]も行われていたのであった。

信州の幕領における、この後の廻米吟味の展開を窺わせる史料は見出し得ず、また後年の廻米関係史料に、「既ニ去ル亥年大野佐左衛門様御代官之節、厳敷御吟味御座候処、右之段々申上候ニ付、御伺之上御聞済被二下置一、御廻米御免被二下置一候」(30)とあり、廻米政策第一期は、明和四年以降長引かずに、ひとまず政策遂行が中止になっていたと推定される。

以上を小括すれば、廻米政策第一期は、短期間で終了したが、代官大野佐左衛門と勘定所の間に、廻米政策への取り組みに際し混乱が見られ、また代官大野佐左衛門と代官嶋隼人では、支配下の幕領での政策遂行の方法に相違が認められる。廻米政策第一期では、信州幕領への廻米政策遂行上に、勘定所と代官の間、また各代官の間に、多分に混乱や不統一があったと推測される。

一旦中止となった廻米政策は、明和八年九月から再開された。この廻米政策第二期では、各幕領毎の廻米吟味と並行して、臼井吉之丞中野代官所・竹垣庄蔵中之条代官所・飯塚伊兵衛御影代官所・嶋隼人飯島代官所の信州全幕領各地から、惣代を集めた四領分合同の廻米吟味も繰り返されている。明和八年十二月、明和九年三月、安永二年閏三月と三回にわたり、竹垣庄蔵中之条代官所で、各代官手代による四領分合同の廻米吟味が行われ、また明和九年六〜七月には、代官江戸役所で、各代官による直接の廻米吟味も行われている。

次に四回にわたる四領分合同の廻米吟味の内容を概観してみよう。明和八年十二月二十日の吟味では、早くも明和八年分の年貢の残り四納分から、廻米させようとする方針が打ち出されている。この時の廻米吟味の内容を伝える明和八年卯十二月付けの「(表紙)信州七郡　御吟味ニ付御答書写」(飯島町七久保共有文書)の中から、左の一節を掲げる。

> 三納金先達而取立相済候得共、未上納も相済以前御廻米被仰出候事ニ候得者、上納相済否之儀茂難計事ニ候、残米可有之儀ニ候得者、夫食之儀ハ何連ニ茂御廻米難相成筋茂無之段、再応之御吟味御座候得共、(中略)尚又被仰聞候ハ、三納相済候迄茂残穀無之筋も御取用難被成、村方操合(ママ)を以米穀売払候上者、是迄石代金納相納候残穀之分、江戸買納可仕旨御吟味ニ御座候、

年貢四納分を取り立てる以前の吟味であることを理由に、①残米や夫食米だけでも早速廻米するか、また②米穀を売り払ってしまったのなら、それに相当する分を、江戸で「買納」せよ等の要求を百姓側に示し、早くも当年分から廻米させようとする、強硬な方針を代官側は打ち出している。これに対する百姓側の訴願の内容を、明和九辰年正月「乍恐以書付御訴訟奉申上候」

（中野市綿貫家文書）の中から左に引用する。

旧冬竹垣庄蔵様中之条御役所江村々被召出、御四分御手代中様御烈《ママ》座ニ而、当卯年ゟ御廻米可仕旨被仰付御吟味御座候而、卯年之儀者三納御金迄御上納仕候者、何分御免被下置候様奉願上、辰年之儀者、小前百姓江御吟味之趣具ニ申聞、御支配御役所江御届可申上旨、御日延奉願候、

これによれば、①明和八年分は三納まで上納が済んでいるため、廻米の「御免」を願い、②来る明和九年分に関しては、小前百姓達へも廻米吟味の内容をよく申し聞かせ、③支配の役所へその結果を届け出るとのことで、日延を願ったことが分かる。翌明和九年三月の中之条代官所での、二度目の四領分合同の吟味では、郡毎に「米恇」を代官手代に示し、江戸廻米の免除を願い上げている(31)。また明和九年六～七月にかけては、代官江戸役所での廻米吟味が行われたが(32)、六月十二日には、代官竹垣庄蔵の江戸屋敷で、竹垣庄蔵・飯塚伊兵衛・臼井吉之丞三代官が参会し、また四領分四人の元方・手代も加わり、直々の吟味(33)が行われている。四領分合同では最後の廻米吟味となった、安永二年閏三月二十三日の中之条代官所での吟味では、江戸廻米に

要する諸費用などの調査を中心として、十数ヶ条にわたり「吟味」すべき項目が代官側から詳細に示されている[34]。これに対し各幕領村々は、同年五～六月に、廻米入用の見積り[35]を各代官所に差し出している。

以上のように廻米政策第二期は、代官側は信州各幕領での廻米吟味と並行して、四領分合同の廻米吟味を行い、一致して廻米政策を遂行しようとしており、廻米政策第一期に見られたような、代官による政策遂行上の差異や、勘定所との間の混乱は認められない。

また、廻米政策第二期においては、「信州一同」の廻米吟味であることを背景として、代官から百姓側への、対応の強化も図られている。以下にその事例を掲げる。

信州伊那郡の御榑木成を課されていた二七ヶ村は、御榑木成の来歴から、皆金納を元禄期から認められていたとして、廻米政策第一期にあたる明和四年段階では、廻米吟味も免除となっていた。しかし、廻米政策第二期では、「御榑木成之訳種々申立候得共、右御廻米被仰付候義ニ付、外村ゟ別段之申立有之間鋪間、御四分一統之御吟味御請可仕旨被仰聞候」[36]と、御榑木成二七ヶ村も「御四分一統之御吟味」を受けることが強要されている。また、中野幕領の村々惣代から中野代官所へ差し出された明和九辰年二月「差上申一札之事」（中野市小林家文書）の中には、「此度御廻米御吟味之儀者、一国同様之儀ニ候得者、難儀迷惑之申立斗ニ而者御聞済有之間敷儀、然上者同国外御支配村々御請仕候ハヽ、信州一同之儀、違背無之哉」とあり、代官側は「一国同様」あるいは「信州一同」の廻米吟味であることを強調し、中野幕領のみの地域的特性の申し立てを一蹴して、廻米政策を強行しようとする態度を示している。

以上廻米政策第二期においては、「一国同様」の廻米吟味が繰り返し行われる一方、この「信州一同」の吟味であることを背景として、代官側は一致して、百姓への対応を強化していたと考えられる。廻米政策関係史料は、安永二年五～六月に各幕領村々により、廻米入用の見積り等が差し出された後、安永二年八月以降は、管見の限り見出し得ない。信州幕領に対する廻米政策は、安永二年段階で、代官側から明確に申し渡されることなく、事実上中止となっていたと推測される。

以下に本節を小括する。廻米政策第二期では、四領分合同の廻米吟味が繰り返され、これにより廻米政策第一期に見られたような、廻米政策に対する代官の混乱や、各代官による政策遂行上の差異は解消していたと考えられる。さらに廻米政策第二期では、「一国同様」の廻米吟味であることが強調され、これにより代官側は一致して、百姓側への対応を一段と強化していたことが窺われる。

第二節　皆済期月政策

中野幕領で、廻米政策にとって代わるようにして遂行されたのが、皆済期月政策であった。また直接的には、この政策による正月皆済を巡って、安永六年正月、百姓一揆が起ることになるのである。中野幕領では、年貢は石代納制により皆金納されていたが、上納は十月、十一月、十二月と翌年三月の四回にわたっていた。問題はこの四納・三月皆済を巡って生じるのである。

安永二年秋検見の際、代官臼井吉之丞は、次のような申し渡し[37]をしている。

御年貢金上納之儀、当年操《ママ》上上納被仰付、皆済期月之義も右ニ準操上被仰付候ニ付、八月ゟ御取立可被成候処、当国之義十月以前御年貢上納難義筋被仰立、初納之義ハ前々之通十月ゟ御取立被成候へ共、皆済期月之義ハ来午正月操上之義被仰渡候ニ付、当秋検見節右之段被仰渡、村々承知奉畏候、

第一章第二節で触れたように、安永元年に諸国年貢金の皆済期月の改正があった。この改正

令によると、従来二月皆済であった信州は、初納八月、二納十一月、三納（皆済）正月と定められており、これに基づき、代官は繰り上げ上納を申し渡されたのである。しかし信州では、八月から年貢金を取り立てることはできないため、初納は従来通り十月でよいが、皆済は正月にせよと村々に申し渡したのである。これに対し百姓側は、早速訴願運動を開始するが、翌安永三年正月以降、再び皆済期月が問題として取り上げられる安永五年二月までは、皆済期月政策への訴願運動を窺わせる史料は見出し得ず、安永二〜三年段階では、未だ中野幕領での皆済期月政策は、強硬には推進されなかったと推測される。

しかし、安永五年二月以降、急遽皆済期月政策の強行が図られることになった。

当村々役人共当六日被召出被仰聞候者、御年貢石代金御皆済三月十五日之御日限之所ニ、二月十五日御皆済仕様ニ被仰付候、

安永五申年二月「乍恐書付を以奉願上候」（中野市西条区区有文書）の冒頭の一節であるが、これによれば「当村々役人共」が二月六日に代官所に召集され、急遽同月十五日の皆済を申し渡されたのである。また同文書の一節には、「当御支配斗三月十五日ニ候間、御代官様御難渋ニ相成

候間、是悲《ママ》二月十五日御皆済仕候様御利害被仰聞候」とあり、中野幕領だけ相変らず三月皆済を認めているということで、代官臼井吉之丞が「難渋」しているとも伝えている。これ以降、代官臼井吉之丞は、皆済期月政策を、支配下の中野幕領で強力に推し進めていくことになる。

次に安永五年四月の代官による申し渡しの書付(38)と、同年九月検見の際に、代官が判を据えて百姓に下した書付の写し(39)を掲げ、代官の百姓への対応と、皆済期月政策への対応を考察する。

史料（A）

御貢金納方之事去ル辰年ゟ諸国御改有之、信州之義者、八月ゟ翌正月限リ皆済被仰渡、其以後いつ連茂極月又者正月迄皆済有之処、我等支配所之義年々遅納ニ付、猶又急度被仰渡有之間、当申御年貢金之義、此節ゟ心懸致出精、来酉正月十五日限リ無遅滞急度可令皆済候、若於令違背者可為越度者也、

申
四月

史料（B）

当国御年貢金者、前々ゟ期月通リ皆済不相成国柄ニ候処、去ル辰年被仰渡有之、以後外同

役共皆引続期月前ニ雖令皆済、我等支配所者奥信濃深雪之場所勝故、別段之趣再応雖申立、一郡者可為同様思召を以、取立手先無甲斐、格別之被仰渡有之、令譴責迷惑を蒙、村々令承知難義之侭、当年壱年者前々三月納之分以他借期月前正月ニ金限り上納、相残而三月令皆済へき由村々申之旨令満足候、乍然以後右之通り取立有之候時分者、極而相続不相成百姓及退転程之事ニ付、向後者前々之通三月皆済挙而相願之趣逸々聞届ケ、若又支配替有之節者具ニ可申送条、此旨申渡者也、

申九月　　　　臼井吉之丞印

史料（A）の四月段階では、「無遅滞急度可令皆済候、若於令違背者可為越度者也」と、安永二年段階とは異なり、従来にない強硬な調子で、代官は正月皆済を命じている。一方史料（B）の九月段階では、四月の厳重な申し渡しの調子とは変わり、①当年一年だけ「金限り」正月に上納し、端永は三月上納とし、②これ以後は再び三月皆済を認め、③また支配替の際には、次の代官に必ず三月皆済の件を申し送るなどと、百姓側への柔軟な対応を示し、また④これらの内容を記した書付に判を据え、百姓側に手渡している[40]。

一方史料（A）には「猶又急度被仰渡有之間」とあり、また史料（B）にも「格別之被仰渡有之、

令譴責迷惑を蒙」とあるように、両史料に共通して、代官臼井吉之丞に対し勘定所から、格別厳重な皆済期月厳守の申し渡しがあったことが窺われる。後に安永八年九月、臼井吉之丞に代わる新代官岩出伊右衛門[41]に対し、中野幕領村々が三月皆済を訴願した「乍恐書付を以奉願上候」（中野市竹内家文書）の一節には、「我等支配所ニ限年内皆済相成間敷様無之旨、石谷淡路守[42]様厳敷被仰渡、手詰ニ相成候」とあり、勘定奉行石谷淡路守からの厳重な申し渡しに、代官臼井吉之丞が窮状に陥っていることを窺わせている。史料（B）にも「我等支配所者奥信濃深雪之場所勝故、別段之趣再応雖申立」とあるように、中野幕領が奥信濃の深雪地帯であるという地域的特性を承知し、またこれを再三勘定所へ申し立てていた代官臼井吉之丞は、勘定所の皆済期月政策強行の方針に、戸迷いをみせつつも、支配下の幕領での皆済期月政策遂行のために、百姓側へ硬軟両用の巧妙な対応を採っていったのであった。また、これとともに史料（B）には「一郡者可為同様思召を以」とあるが、第三章第二節で述べるように、これは安永二年段階で、「上水内郡村々」が既に「年内皆済」を請負っていることに基づく一節であり、これによって中野幕領内の村々が連帯した訴願運動は、さらに封じ込められていったと考えられる。

以上のように、中野幕領では安永五年から皆済期月政策が強行されていったが、この背景としては、一つには第一章第二節で考察したように、皆済期月政策が当時の幕府の一貫した幕領政策であったということがある。しかしこの他にも、廻米政策第二期から「一国同様」の廻米吟味であることが強調され、これを背景として信州各幕領での江戸廻米の強要が図られていたが、この廻米吟味を通じて強調された「一国同様」の政策遂行方針が、皆済期月政策でも適用されるようになり、これにより中野幕領でのみ皆済期月が守られていないということが、問題として表面化していったという事態が、もう一つの要因としてあったと推測される。史料（A）の「其以後いつ連茂極月又者正月迄皆済有之処、我等支配所之義年々遅納ニ付、猶又急度被仰渡有之間」や、史料（B）冒頭の「当国御年貢金者、前々ゟ期月通リ皆済不相成国柄ニ候処、去ル辰年被仰渡有之、以後外同役共皆引続期月前ニ雖令皆済」という一節は、信州の他の代官との比較の中から、代官臼井吉之丞支配下の中野幕領での皆済期月問題が生じてきていることを窺わせている。

以下に本節を小括する。中野幕領においては、安永二年に廻米政策に続いて皆済期月政策が遂行されることになったが、安永五年になると勘定所から代官臼井吉之丞に厳重な申し渡しが行われ、中野幕領でも皆済期月政策が強行されることになった。中野幕領が奥信濃の深雪地帯であるという地域的特性を承知し、度々この特性を勘定所に申し立てていた代官臼井吉之丞は、この政策に苦慮するが、一方百姓側へは硬軟両用の巧みな対応をとりつつ、また、一部の村々が既に「年内皆済」を請負っていることを根拠に、「一郡者可為同様」として、正月皆済を請け負わせた。またこのように、中野幕領で皆済期月政策が強行された背景には、皆済期月政策が、当時の一貫した幕領政策であったということの他に、信州での廻米政策遂行の中で強調された「一国同様」の論理の中から、中野幕領のみ遅納になっていることが問題化してきたという事態もあったと推定される。

以下に第二章を小括するとともに、第三章以降を展望する。

廻米政策第一期で見られた、代官の政策遂行上の混乱や不統一は、廻米政策第二期では解消され、「一国同様」として代官側は一致して、百姓側へより強力に江戸廻米を強要することになった。第三章第一節で述べるように、このような廻米政策第二期における代官の百姓への対応の強化は、中野幕領では、逆に百姓の連帯を強化させる効果を果たすことになる。また、廻米政策第二期で採られた「一国同様」の政策遂行方針の中から、中野幕領では皆済期月政策の強行が図られるようになっていった。代官臼井吉之丞は、この皆済期月政策に苦慮しながらも、百姓側に対し硬軟両用の対応を示すが、第三章第二節で述べるように、これにより廻米政策を通じて形成された中野幕領での百姓の連帯は、一層動揺を受けることになり、村々は正月皆済を請け負うこととなった。しかし、「一国同様」や「一郡者可レ為二同様一」との幕府・代官側の政策遂行方針は、各幕領の地域的特性を軽視するものであり、この上に立った政策の強行が、第四章で述べる中野幕領での一揆発生の一大要因となった。

第三章　百姓内部の動向

この章では、安永中野騒動で問題となった、廻米政策と皆済期月政策の、二つの政策に対する訴願運動から一揆発生に至る前までの、百姓内部の動向に考察を加え、合わせて安永六年正月の一揆発生の必然性の一端を探ることを課題とする。本章では中野幕領の動向を中心に考察するが、必要に応じて信州の他の幕領の動向とも比較しながら、考察を進めていく。

ここで予め、信州の幕領の配置状況や中野幕領について概観しておく。近世前期、信州の幕領は、私領の変動が激しかったことにもより、増減が激しく、およそ六～七万石程で、国高の一〇%内外の時期が多かったとみられている。近世中期以降、所領の変動が比較的安定してきた時期から幕末にかけては、信州の国高のほぼ五分の一を占め、幕領の配置状況もほぼ安定していた。幕領配置の多い地域は、高井・水内・埴科・佐久の東北信各郡と、もう一つは南信の伊那郡である(43)。

信州幕領の最も北に位置する中野幕領においても、近世前期は領域の変動が激しく、成立は元和二年の松平忠輝除封にさかのぼれるが、その後間もなく福島正則の所領となり、さらに天和から元禄にかけては、徳川氏甲府領・板倉氏坂木領・松平氏尾張支藩によって三分されるなどしており、領域が固定化するのは一八世紀の初頭である[44]。代官所も順次中野へ統合され、享保七年に新野代官所が廃止された後は、中野代官所のみとなった。また近隣には、飯山藩・松代藩・須坂藩などがあり、これらの私領と境界を接している。安永中野騒動が起こる一八世紀後半には、中野幕領は、高井・水内両郡にまたがり、村数約一三〇ヶ村、石高約五万石程の規模をもっており、領域は中野平・木島平と通称される平野部を中心として、千曲川の流れに沿うように南北に長く伸びていた。

第一節　小前百姓の急進化

明和四年亥十月付けで「惣郡中村々」三役人より中野代官所に差し出された「乍恐書付ヲ以奉願上候」（須坂高校所蔵山田家文書）の中には、次のような一節がある。

史料㈠

御廻米被仰付候旨御吟味被仰渡候義奉驚入、殿様御在陣之内惣百姓共罷出、御歎キ申上度旨挙而申立候得共、村々大勢百姓共罷出御願申上候義ハそうどうヶ間敷、御上ヲ恐レ奉候

義ニ御座候間、指扣候様村役人ゟ理害《ママ》申聞指留、私共罷出御願申上候義ニ御座候、

廻米吟味の件を知った「惣百姓」が、代官大野佐左衛門在陣中に、直接代官に嘆願したいと申し立て、これを村役人達が「そうどうヶ間敷」なるとして差し抑え、訴願していると伝えている。また明和四年亥十月廿五日付けで、「惣郡中村々」三役人より中野代官所に差し出された「御吟味ニ付申上候」（須坂高校所蔵山田家文書）の中には、次のような一節がある。

史料(二)

若当御役所ニ而御聞済難被成候ハヽ、無是悲《ママ》村々御奉行所迄も罷出、御願申上度奉存候間、御差出被下候様申上候所、被仰聞候ハヽ、右之通強而御願申上候上ハ、不相済迄も一通り御伺被成候間、村々江戸表江罷出御願申上度候義、何分差扣可申、

代官所段階で廻米問題が解決しなければ、百姓は江戸の勘定所へ直接訴願するという動きを示し、またこれに対し代官大野佐左衛門は、一通り勘定所へ百姓の訴願を取り次ぐとのことで、勘定所へ直接訴願することは差し控えるよう百姓に申し渡したと伝えている。

以上史料㈠・㈡から、廻米政策第一期において、百姓は代官に対する「惣百姓」直接の訴願の動きや、また代官所段階で決着しない場合は、勘定所へも出訴するという動きを見せており、既に強力に訴願運動を展開していたことが窺われる。またこのような動きにより、百姓内部は「そうどうヶ間敷」事態に至りかねない情況であるとも伝えている。

廻米政策第二期においては、幕府・代官側は「一国同様」の廻米吟味を繰り返し、強力に江戸廻米を要求したが、これに対し中野幕領では、百姓側は小前層も積極的に訴願運動に関与し、一層強力に訴願運動が展開されることになる。

惣代名義で中野代官所に差し出された明和九辰年正月「差上申一札之事」（中野市西条区区有文書）には、次のような一節が登場する。

史料㈢

村々小前百姓共直々御願申上度申、得心不レ仕候処、大勢のもの共罷出候而ハ、騒動ヶ間敷儀ニも相聞恐入、殊ニ大勢罷出御歎申上候与て、無レ謂御聞届可レ有レ之様も無レ之、却而御歎之差障りニ相成候間、村役人共疾与御願申上候付、相止候様精々利害申聞差押置候程之儀ニ而、甚難渋之段相違無二御座一候、

第二章第一節で述べたように、前年十二月の中之条代官所での四領分合同の廻米吟味で、日延を願った際に、「辰年之儀者、小前百姓江御吟味之趣具ニ申聞、御支配御役所江御届可申上」としておいたが、右の一節は、これに対応するものである。小前百姓達が「直々」に訴願に罷り出ると言うのを、なんとか抑えて、村役人達が訴願にあたっていると申し述べている。

右の文書は村々惣代が、代官所へ差し出したものであるが、一方この時期に百姓の内部で交された文書の中にも、同一主旨の文言が見出される。これらの中から、次に二つの史料を掲げる。最初は明和九年正月、高井郡野坂田村の惣百姓が連印して、村役人に宛てて差し出した「一札之事」[45]の中の一節である。

史料(四)

此度当村御年貢御廻米ニ而仕旨被仰付、小前百姓江御申聞せ被成候、（中略）壱ヶ年ニ百姓相潰レ可申義、暦（歴）然之事ニ候得者、何分御訴訟申上度奉存候処、百姓銘々罷出候而申上候義ハ騒動ヶ間敷、恐多義ニ候間、何分村役人御訴訟可申上旨被申聞候ニ付、差控申候、

村役人から、廻米吟味に関する報告を受けた小前百姓達が尖鋭化し、直接訴願に出ようとする動きを見せながら、村役人に強力な圧力が加えられている様子が窺われる。なお、第四章で述べるように、野坂田村は、この後一揆形成の中心となっていく。

次に掲げるのは、同年正月十四日付けの、高井郡市川谷村々による内談証文(46)の中の一節である。

史料㈤

村々小前百姓共村役人共ニかまわす、江戸表迄頸に袋を掛け候て成共罷出、御訴訟申上度一同申ニ付、左様ニ為レ致候てハ強訴之筋ニ相成、村々役人共及二難儀一候ニ付、此度打寄内談仕候、

内談の内容は、同年正月の中野代官所での廻米吟味でも、廻米問題に決着がつかない際には、市川谷村々が独自に四名の惣代を江戸に派遣して、訴願するというものである。このような内談がもたれること自体、「強訴」に至りかねないような小前層の急進的な動きによるものと考えられるが、この史料からも、小前層の村役人を突き上げるような活動が窺われる。

以上史料㈢～㈤の三種の史料を勘案すれば、史料㈢に見られるような、村々惣代の代官所への申し立ては、廻米吟味に際しての単なる駈け引きではなく、史料㈣・㈤に見られるように、実際に彼らの背後には、尖鋭化した小前層の急進的な活動があったと考えられる。また史料㈠・㈡と史料㈢～㈤の比較から、廻米政策第一期は事実上短期間で終了したことや、また代官側の対応の混乱もあり、未だ村役人層主体の訴願運動であったと推測される。しかし廻米政策第二期では、廻米吟味の内容は小前層にも具体的に知らされ、史料㈢～㈤に見られるような小前層の急進的な活動を背景に、訴願運動は、小前層から村役人層までの全ての階層にわたり、廻米政策第一期より一層強力に展開されていたと考えられる。

廻米政策を通じて現れた、小前層の急進的な活動を背景とした「騒動ヶ間敷」情況は、次に掲げる史料㈥・㈦に示すように、皆済期月政策に対する訴願運動にももち越されたと考えられる。安永三午年正月付けで村々三役人が三月皆済を訴願した「乍恐以書付奉願上候」（中野市小林家文書）の中には、次のような一節があり、相変らず小前層の活発な動きを窺わせている。

史料㈥

小前百姓共直々ニ罷出、来ル三月迄之御訴訟可申上候旨申候得共、大勢罷出候而ハ騒動ヶ

間敷も相聞奉恐入候、殊ニ大勢罷出御訴訟申上候而ハ、還而不届之至リ候間、何連ニ茂村役人罷出御上様へ御訴訟可申上与、精々利害為申聞差押置候程之義、甚難義之段相違無之、

また一揆後の安永八年亥九月付けで、代官岩出伊右衛門に対し村々名主が三月皆済を願い上げた前掲「乍恐書付を以奉願上候」（中野市竹内家文書）の中には、一揆発生の様子を伝える、次のような一節がある。

史料(七)

深雪ニ而人馬之通路差支、穀物等売代替仕候儀も相成不申、小前百姓共金子調兼当惑仕、畢竟村役人共御訴訟無甲斐御請仕及難儀候、此上ハ小前百姓直々御訴訟仕候旨ニ而村々騒立候ニ付、村役人共精々利害申聞差押候得共、心得違仕聞入不申及騒動、

深雪のため、皆済日が近づいても、手元に上納金を調えることができなかった小前百姓達が、村役人の制止を聞き入れず騒動に至ったと伝えている。

ここで一揆と中野幕領の名主制の関連について、若干の考察を加える。第4表[47]は、一揆参加

第４表　定名主・年番名主比率表（不明分は除外）

	〔一揆参加村〕	〔一揆不参加村〕
定名主	42名（51％）	32名（84％）
年番名主	40名（49％）	6名（16％）
（計）	82名（100％）	38名（100％）

村と不参加村の定名主と年番名主の比率を示したものである。一揆不参加村は八割以上が定名主であり、また年番名主制をとっている表中の四六ヶ村のうち、八割以上が一揆参加村となっており、一揆と名主制の間には、ある程度の関連性が窺える。年番名主[48]に関しては、成立の契機がその性格に反映していると考えられるが、「北信濃における村方騒動年表」[49]によれば、村方騒動の結果年番名主制に移行したり、また村方騒動によって年番名主制が再確認される事例は散見されるが、この逆はない。これによって一般的には、年番名主は定名主に比べて、小前層の意向により近いと言えよう。後年の史料になるが、代官側の「村々名主組頭役之儀、多分年番を以相務、今年之名主組頭ハ明年平百姓ニ相成、昨年之平百姓ハ当年之役人ニ付、自と百姓とも役人を軽蔑いたし候由も相聞心得違之事ニ候」[50]との認識も、年番名主のこのような性格を表していると言えよう。小前層に近い立場にある年番名主の多くは、史料(七)にあるように小前層の動きを制止し切れず、皆済日間際の強訴という事態に至ったものと推測される。

以下に、史料(一)～(七)を中心に考察したことを小括する。廻米政策第一期は、未だ村役人層を主体とした訴願運動であったと考えられるが、廻米政策第二期では、小前層も廻米吟味の内容を具体的に知らされ、積極的に訴願運動に関与するようになり、急進化した小前層の「騒動ヶ間敷」不穏な情況を背景に、訴願運動は一層強力に展開されたと推定される。またこの廻米政策を通じて形成された「騒動ヶ間敷」不穏な事態は、引き続いて遂行された皆済期月政策へも継続してもち込まれ、これが一揆発生の一つの大きな要因となっていたと考えられる。安永六年正月の一揆は、直接的には年貢四納分の納期が、二ヶ月繰り上げられたことを巡って起こされたが、この背景としては、「騒動ヶ間敷」不穏な情況が、廻米政策以来当幕領に、普く存在していたことがあったのである。

このような小前層の村役人層を突き上げるような活動は、この時期における中野幕領での、村方騒動の増加という事態にも反映していると考えられる。前掲「北信濃における村方騒動年表」に関しては、調査の不十分さはあるものの、「騒動発生件数の年次的増減を見ることは十分有効である。」[51]とされている。第5表は、この年表より作成したものであるが、明和から安永にかけての一〇年間は、前の一〇年間に比べて村方騒動の件数が倍増しており、次の一〇年間は、再び鎮静化している。当該時期は、中野幕領における、最初の村方騒動の高揚期となっているのである。村方騒動は、概して村役人の不正・非違を小前層が糾弾するような形で表れる

第５表　村方騒動発生件数

元禄 13（1700）～宝永 6	2
宝永 7　（1710）～享保 4	9
享保 5　（1720）～享保 14	3
享保 15（1730）～元文 4	6
元文 5　（1740）～寛延 2	3
寛延 3　（1750）～宝暦 9	6
宝暦 10（1760）～明和 6	7
◎明和 7　（1770）～安永 8	15
安永 9　（1780）～寛政 1	9
寛政 2　（1790）～寛政 11	14
寛政 12（1800）～文化 6	9
文化 7　（1810）～文政 2	18
文政 3　（1820）～文政 12	19
天保 1　（1830）～天保 10	30
天保 11（1840）～嘉永 2	17
嘉永 3　（1850）～安政 6	17
万延 1　（1860）～明治 2	16
明治 3　（1870）～明治 7	2
年次未詳	2

古川貞雄「北信濃における村方騒動年表」（『信濃』25巻9号）49頁第３表より、幕領分の一定期間を抜粋。

場合が多く、安永中野騒動と具体的にどのように関連していたかを解明することは困難であるが、この時期における当幕領の村方騒動の高揚に関しては、廻米・皆済期月という村々に降りかかった大問題に小前層も関与し、急進化した彼らによる村役人を突き上げるような活動が、一つの大きな要因になっていたと推測される。

一方中野幕領では、少なくとも近世中期以降、百姓の身分構成は、高持百姓である本百姓とそうでない水呑百姓とに単純化し、近隣諸藩が、複雑な百姓の身分構成をもっている[52]のとは異なっているとされている。このような身分構成をもつ中野幕領での百姓の階層分化について、実証的に扱った論考は、十分な蓄積があるとは言えないが、一般には明和―安永期がその階層分解の始期とされ[53]、またこの最大の画期は一八世紀末頃とされている。安永中野騒動での小前層を中心とした急進的な活動の背景には、中野幕領で、明和―安永期が百姓の階層分解の始期にあたっていたという事態があったことも、一つの要因として考える必要がある。

第二節　百姓の連帯とその後退

廻米政策第一期では、惣代名義で差し出された文書は見出し得ず、惣代を立てて訴願運動にあたった形跡は見られない。これに対し廻米政策第二期は、中之条代官所での四領分合同の廻米吟味の際に、惣代が立てられて訴願運動にあたっているだけでなく、中野幕領のみを対象とした、中野代官所での廻米吟味でも、村々から惣代が立てられることになるのである。前掲明和九辰年正月「乍恐以書付御訴訟奉申上候」（中野市綿貫家文書）の冒頭には、「当御支配村々御年貢米之儀、去卯年ゟ御廻米可仕旨、去卯九月ゟ村々被召出、御吟味被仰付候」とあり、明和八年九月に廻米吟味が再開された際には、未だ「村々」で吟味を受けており、惣代は立てられていなかったと推定される。これに対し、翌明和九年正月の中野代官所での廻米吟味からは、惣代が立てられることになった。惣代選出に関する事情を窺わせるものとして、左の史料(54)を掲げる。

乍恐以書付奉申上候

一、此度御廻米御吟味ニ付、村々被召出候処、一村限り相詰候而、御吟味御請可申上候義ニ

御座候得共、村々難義ニ付、耕地限り惣代相立、御吟味御請仕度奉存候間、小田中村名主
徳左衛門惣代ニ差出申候間、御吟味被仰付被下置候様奉願上候、以上、

辰
正月

高井郡小田中村
名主　徳左衛門㊞
同郡同村上組　庄兵衛㊞
高遠村
名主　藤右衛門㊞
間山村
名主　藤　助㊞
新野村
名主　三郎右衛門㊞
更科村
名主　源右衛門㊞

臼井吉之丞様
中野御役所

代官所からは、一村毎に廻米吟味を受けるようにとの申し渡しであったが、「村々難義ニ付」として、百姓側は自発的に惣代を選出し、廻米吟味にあたることになったのである。右の史料では「耕地限リ惣代」と記されているが、小田中村・高遠村・間山村・新野村・更科村の五ヶ村で一つの組合村を構成しており(55)、また前掲明和九辰年正月「差上申一札之事」（中野市西条区区有文書）の中には、「郡中組合村々ニ而惣代之もの相立」とあるように、惣代は組合村を単位にして選出されていたのである。なおこの時の惣代は高井郡から一三名、水内郡からは三名であるが、これ以降中野幕領内での吟味や訴願にも、これらの惣代があたることになるのである。

ここで、初めてこれらの惣代名義で差し出された文書である、前掲明和九辰年月正月「差上申一札之事」（中野市西条区区有文書）から、百姓側・代官側双方の主張をまとめておく。この文書は、五千字程の長文であり、これまでの吟味の経過・内容などとともに、明和九年正月の中野代官所での吟味の内容をまとめて、中野代官所に差し出したものと考えられる。百姓側の主張は、かなり細かい点にまで及んでおり、またそれにつれて代官側の主張も細かくなっているが、細部には立ち入らず、Ⓐ米の輸送に関する問題、Ⓑ米自体に関する問題と、大きく二つに分けて整理することにする。

〔百姓側の主張〕

Ⓐ　国内に川下場がなく、上州倉ヶ野・越後今町湊までは遠く、難所も多いため、「関東筋同様御定之通被レ下」る駄賃のみでは不足となる。また深雪の国柄のため、雪解け後に米を附出せば、春作の支障になる。

Ⓑ　元来米質が悪い上に、遠路の廻米をすれば、多くの更米・欠石が生じ、村方にはこれを償うだけの余力はない。

〔これに対する代官側の主張〕

Ⓐ　他国では遠路・深雪にもかかわらず廻米をしている所があり、「手段手廻」をよくすれば、春作に差し支えることはないはずである。

Ⓑ　「米怔之儀者縦令相劣リ候共、其国土地相応之差別を以、御蔵納被二仰付一」るのであるから、むやみに「撰出」するようなことはない。俵拵を念入りにすれば、更米・欠石も生じないはずである。

代官側が「一向ニ手懸不レ申、見越斗之儀相勤候之段、御取用難レ被レ成」と百姓側の主張を一蹴しようとしても、百姓側では「何ヶ度申上候も同様之儀ニ而」と、同様の主張を執拗に繰り返し、両者の主張は全くの平行線のまま終わっていると言える。

また明和九辰年二月付けで、惣代名義で中野代官所に差し出された「差上申一札之事」（中野市小林家文書）では、第二章第一節で触れたように、「此度御廻米御吟味之儀者、一国同様之儀ニ候得者、難儀迷惑之申立斗ニ而者御聞済有之間敷儀、然上者同国外御支配村々御請仕候ハヽ、信州一同之儀、違背無之哉」との「吟味」に対し、高井・水内両郡は、信州の中でも奥入りの深雪の土地柄であるという特別な事情を挙げ、「外御支配村方御請仕候共、当郡中之儀御免御願申上候」と、これを拒否している。さらに支配関係が藩領と錯綜し、しばしば支配替えになっている近隣の村々が江戸廻米を請負ったらどうかとの「吟味」に対しても、「最寄村々御請仕候共、当郡中之儀者御請難仕」と、重ねて江戸廻米を拒否している。

他方、廻米政策第二期における、信州の他の幕領の取り組みはどうであったろうか。島隼人飯島代官所支配下の伊那郡御榑木成二七ヶ村は、第二章第一節で触れたように、御榑木成の来歴から「信州一同」の廻米吟味は受けられないと主張していた。また伊那郡南山三六ヶ村は、明和九年三月付けで、南山三六ヶ村惣代名義で、「前書申上候通之村方故御請難仕、殊ニ南山村々之儀者、佐久郡追分宿迄里数之儀凡四捨五六里より六拾里程茂御座候而、牛馬不通路之村方ニ有之候故」[56]等と、同一幕領内でも独自の地域的特性を挙げて、金納継続を飯島代官所に願い上げている。同じく飯島代官所支配下の伊那郡浪合村・平谷村両村では、明和九年辰十月付けで両村三役人から「亥年（明和四年）中も其段御願申上、御廻米御吟味御免被下置候、此上皆畑村々之義者、御慈悲ニ御廻米御吟味御免被成下候様ニ何分御願奉申上候」(57)と、「皆畑村々」であることを理由に、明和四年と同様に廻米吟味の免除を願う書付を、飯島代官所に差し出している。

信州の他の幕領の動向に関しては、断片的にしか知り得ないが、前掲明和九辰二月「差上申一札之事」（中野市小林家文書）の主張や、また他の幕領との比較から、中野幕領においては、廻米政策第二期では、組合村を単位に自発的に惣代が選出され、「当郡中」の語句に表されるような地域的連帯を形成し、また、本章第一節の史料㈢〜㈤に見られるような小前層の急進的な活動を背景にして、この惣代が一致して訴願運動にあたっていたと推定される。

中野幕領における廻米政策第二期最後の史料は、安永二年巳八月付けで、臼井吉之丞江戸役所に差し出された「一札之事」(58)（中野市小林家文書）であるが、この中では「御私領之通、居村ニ而籾納被仰付候ハヽ、無是非義ニ御座候間、御請印形可差上候」としている。私領並の納め方とは、同文書中にも「御私領之通居村ニ而御年貢籾ニ而御受取相済、五里内ハ百姓役ニ而附出シ、其余者何方江被遣候共、惣而何ニ而茂百姓方江相懸り不申、相構不申義ニ而」とあるように、五里内は百姓役として年貢籾を領主指定の場所まで附出すのだが、その後百姓は一切関与しないという仕法である。このような私領並の納め方なら請けてもよいという主張は、これが最初ではなく、既に前掲明和九辰年正月「差上申一札之事」（中野市西条区区有文書）の中にも、「御私領米之通、郡中ニ而上納相済候儀ニ候ハヽ、違背可仕様無之候得共」との文言があり、早くから同様の主張はあったと考えられる。しかしこの文書で注目されることは、差し出しが既に惣代名義ではなく、三四ヶ村の名主連名となっており、かつ地域的にも中野幕領の最北部にあたり、越後国境の付近に位置するいわゆる市川谷村々の名主が含まれていないということである。安永二年秋からは、中野幕領では皆済期月政策が遂行されるのであるが、この廻米政策第二期の最終段階にあたる安永二年の頃から、廻米政策第二期を通じて形成された村々の連帯は、後退し始めていたのではないかと、この文書から推測される。

　引き続き推進された皆済期月政策への訴願運動に際しては、廻米政策第二期と異なり、既に惣代名義で差し出された文書は見出し得ない。また中野幕領南部にあたる善光寺平付近の上水内郡の村々は、「当御支配之内ニ而も、上水内郡村々通用宜場所故、去巳年年内皆済御請仕候儀ニ而御座候」[59]と、安永二年段階で、既に「年内皆済」を請け負っていたのである。「上水内郡村々」が「年内皆済」を請け負った背景には、当該地域が比較的降雪量が少ない上に、北信地方最大の米穀消費地である善光寺町が、間近に控えているという条件があったと思われる。このように中野幕領内でも、地域によって既に皆済期月繰り上げの問題は、重大さが異なっていたと考えられ、皆済期月政策に対しては、廻米政策の時とは異なり、既に地域的連帯を形成するのは困難になっていたと推定される。

ここで、百姓側の正月皆済難渋の事由を、前掲安永八亥年九月「乍レ恐書付を以奉二願上一候」（中野市竹内家文書）によって整理しておく。正月皆済難渋の事由が、最も整理された形で記されている。

> 段々申上候通、深雪之場所ニ而、田作ハ十月迄ニ収納仕候内、最早雪降積り馬足差留り候ニ付、米穀他所ヘ附出候儀不二相叶一、翌三月雪消候迄持越売代替、夫ニ而不足之所ハ女共冬ゟ正・二月迄木綿布等織溜置候を、是又三月雪消市場持出売払、男者江戸江冬奉公ニ罷出、三月五日給金請取罷帰、是を以三月御皆済仕来候、

右の内容は、大よそ以下の二点に分けて整理できよう。

①（石代納制のため、米穀を換金しなければ年貢を上納できないのであるが）深雪の土地柄のために、年内に米を売り捌き切れず、また翌年に持ち越せば、三月の雪解けまで待たなければならない。

②　従来は皆済金の不足分は、冬中の諸稼等によって補うことができていた。

本章第一節で触れたように、皆済期月政策に対する訴願運動でも、小前層の急進的な活動は継続されていたと考えられる。しかし正月皆済難渋の事由の②のように、年貢上納に際して、冬稼等の諸稼[60]に頼る比率は概して小前層の方が高いと考えられ、小前層にとっては、正月皆済は相変らず大問題であったと推測される。しかし大前の多い村役人層にとっては、「村役人自分御年貢、又ハ重立候百姓ハ差滞申立候筈も無之義」という代官側の認識にも表れているように、四納分を二ヶ月繰り上げ上納することは、廻米問題に比べれば、既に重大な問題ではなくなっていたと考えられる。前掲明和九辰年正月「差上申一札之事」（中野市西条区区有文書）の中の「漸手段才覚を以御年貢金納仕候程之困窮村々ニ御座候処、御廻米被仰付候而者、継令少之欠石或者入用ニ候迄、相償力も無御座」との一節は、現米納である廻米よりも、石代納制による金納の方が負担が軽いとする百姓側の認識を表していると考えられるが、大前層の中には、江戸廻米が阻止できたからには、皆済期月問題では妥協してもよいと考える者もでていたのではないかと推測される。このように皆済期月問題では、百姓内部でも階層により訴願運動に対する取り組みに、不統一が生じてきていたものと推定される。

以上を小括すれば、廻米政策第二期で形成された、中野幕領での百姓の地域的・階層的連帯は、皆済期月政策では、ともに大きく後退していたと推定されるのである。

次にこのように百姓の連帯が後退した背景を、他の側面から考察してみよう。第二章第二節で示したように、安永五年四月には代官の厳重な申し渡しがあり、また同年九月には代官から正月皆済に対する柔軟な対応を示す書付が百姓に下され、村々は正月皆済の請印を再度差し出していた。このような代官の百姓への硬軟両用の対応も、百姓内部の連帯を後退させる効果をもっていたと推測される。特に安永五年九月の代官の書付の中の「一郡者可レ為二同様一」という幕府・代官側の主張は、「上水内郡村々」が「年内皆済」を既に請け負っていることを根拠に、廻米政策第二期で形成された、中野幕領村々の「当郡中」との地域的連帯を、いわば逆手に取った論理といえる。このような巧妙な代官側の対応により、村々の連帯は大きく動揺させられたものと考えられる。

また、百姓の連帯が後退した背景には、このような代官の対応の他に、中野村名主兼郡中代善右衛門を中心とした、一部の名主達の動きがあったことも推測される。第四章で述べるように、打ちこわしを受けたのは、犬飼村・一ノ割村・岩井村・中野村・東江部村・草間村の六軒の定名主宅であるが、一揆に際して出兵した松代藩の「御郡方日記」[61]にも、「草間村源三衛門、江部村利右衛門、善右衛門同心之者ニ付、一同打潰シ申候」とあるように、彼らは善右衛門との関係が、特に深かったと考えられる。打ちこわしを扇動した上木島村大町百姓源左衛門に対する罪科申し渡しの一節に、「皆済之申渡ヲ犬飼村宇源治請合候故、外村々も無レ拠印形致候様相成候」(62)とあるが、この一節は彼らによる村々に対するいわば切り崩し工作のような動きがあったことを窺わせている。第四章でも触れるように、一揆頭取として処刑される上新田村年番組頭藤助の「当月十五日御皆済杯与申候者、中々御上様ゟ被二仰出一候与申事ハ決而有レ之間敷、是ハ必定中野村名主初メ、村々古名主之仕業ニ可レ有レ之候間」(63)との村人を扇動する発言は、以上の推測を最も端的な形で言い表している。

ここで一揆前の、中野幕領の郡中代の性格について、若干の考察を加える。一揆の際に善右衛門家が打ちこわされた後の郡中代には、中野村村役人が、中野村名主との兼任を避けて、年番制で就任することになった(64)。しかし一揆前は、中野村は定名主制であり、中野村名主である善右衛門は、既に二〇年以上郡中代を兼任していたと考えられる(65)。このためか、一揆関係史料から善右衛門は、代官所の役人と結んで郡中への割懸などで不正をしていた形跡が見られ、また第四章第一節で述べる打ちこわしの模様などから、酒造業なども営み、相当の財力を貯えていたことが推測される。一揆後、郡中代の選任に関する代官臼井吉之丞からの申し渡しの一節に、「村役等勤候もの陣屋用承人ニ立置候而ハ、大庄屋・割元ニ似寄如何ニ付、今般存寄を以奉行所へ伺之上追而可㆓申渡㆒候旨、其旨可㆓一同相心得㆒者也」(66)とあり、このような代官の郡中代に対する認識は、二〇年以上にわたって中野村名主と郡中代を兼任していた善右衛門が、多分に「大庄屋・割元」としての性格が強かったことを裏付けている。

善右衛門は、廻米政策に対しては、百姓の地域的・階層的連帯を背景に、明和九年六～七月の代官江戸役所での廻米吟味に際しても、高井郡惣代として出府し、訴願運動にあたった。しかし、皆済期月政策では、逆に代官側に立ち、村々の連帯の切り崩し工作を行なっていたと推測され、またこれに加えて右に考察したような善右衛門の大庄屋的性格が、一揆の際に打ちこわしの第一の目標とされた原因と考えられよう。また、各地で打ちこわしを受けた定名主達は、善右衛門と関係が深く、善右衛門と共に正月皆済に向けて策動したことが、打ちこわしを受ける要因となったものと推測される。

以下に本節を小括する。廻米政策第二期では、中野幕領では百姓の強い連帯が形成され、村々から自発的に惣代が選出され、一致して訴願運動にあたっていた。しかし皆済期月政策に対しては、百姓内の地域的、階層的連帯は後退していった。この後退の背景には、皆済期月問題は、既に地域や階層によって重大さが異なっていたという事情の他に、代官の百姓への硬軟両用の巧妙な対応や、郡中代を中心とした一部の定名主達の、百姓の連帯を後退させるような働きかけもあったと推測される。

以下に第一節と第二節を総合し、第三章を小括する。

廻米政策第一期では、未だ役人層主体の訴願運動であったと考えられる。しかし廻米政策第二期では、廻米吟味の内容を知らされ、尖鋭化した小前層の急進的活動による「騒動ヶ間敷」不穏な情況が広がっていき、この小前層の活動は、皆済期月政策に対しても継続されていった。廻米政策第二期では、このような小前層の活動を受けて、中野幕領では地域的にも階層的にも連帯して、強力に訴願運動が展開されていったのであるが、皆済期月政策に対してはこの連帯が形成されず、一致した強力な訴願運動が展開されることなく、正月皆済を請け負うこととなった。このように百姓間の連帯が後退した後、廻米政策以来の「騒動ヶ間敷」情況を背景にして、一部の村役人達と小前層を中心に、皆済日間際に三月皆済を代官所に直接要求する強訴が実行されるが、その過程で正月皆済に向けて策動した、大庄屋的性格の強い郡中代善右衛門や、それと結んでいた一部の定名主達への打ちこわしが行われるのである。

次に一揆発生の前提条件にあたる第一章から第三章までの概要を、重複を厭わず総括する。

安永中野騒動で問題となった、幕府の廻米政策や皆済期月政策は、転換期といわれる宝暦―天明期を通じての、一貫した幕領政策であった。廻米政策は、この時期の幕府財政上に特徴的に表れている、現米支収の不償いを改善しようとしたものであり、また皆済期月政策は、年貢増徴策が行き詰まった後、年貢の遅納・未納を防止することに重点が移されたことにより、採られた政策であった。これらの両政策が、信州の幕領でも推進された。

従来から江戸廻米をしていない信州の幕領では、廻米政策第一期の段階では、代官側も政策に対して混乱や不統一が見られた。しかし廻米政策第二期では、幕府・代官側はこのような混乱・不統一を解消し、「一国同様」の廻米吟味を繰り返し、また「信州一同」の廻米吟味であることを背景に、一致して一層強力に百姓側に江戸廻米を要求した。この後中野幕領では皆済期月政策が強行されるが、この背景には、皆済期月政策がこの時期の一貫した幕領政策であったということの他に、廻米政策第二期の際に採られた、「一国同様」の政策遂行方針の中から、中野幕領のみ皆済期月が守られていないことが、問題として表面化してきたという事態があった。中野幕領の地域的特性を知る代官臼井吉之丞は、幕府の皆済期月政策への対応に苦慮しながらも、百姓に対し硬軟両用の巧妙な対応をとり、皆済期月政策を強行しようとしていった。

一方中野幕領においては、廻米政策第二期以来、小前層の急進的活動による「騒動ヶ間敷」不穏な情況が広がり、代官側の強力な廻米吟味に対しては、かえって地域的・階層的な連帯を形成し、小前層の急進的な活動を背景に、強力に訴願運動を展開した。しかし皆済期月政策に対しては、代官や郡中代の働きかけもあり、このような地域的・階層的連帯は後退した。この連帯が崩れたことにより、「騒動ヶ間敷」情況を背景にして、皆済日間際に小前層と一部の村役人達が、代官所へ三月皆済の強訴を実行するに至り、またその際に、正月皆済に向けて策動した大庄屋的性格の強い郡中代や、これと結ぶ定名主達への打ちこわしが展開することになった。

第四章　一揆

この章では、安永六年正月の一揆発生から、安永六年八月の一揆の処罰等申し渡し、及び同年九月の新田検地中し渡しまでの経過を扱う。第一節では、打ちこわし・強訴が行われるまでの間を扱い、第二節は、それ以降の経過等を扱っている。この一揆に関しては、発生から収束までを一貫して書き残した史料が存在しないため、何点かの史料を組み合わせて、その経過等を解明する。

第一節　打ちこわし・強訴

第三章第二節で述べたように、安永五年秋、代官臼井吉之丞は、検見の際に百姓に理解ある提案を示しつつ、改めて年貢四納分の正月皆済を申し渡した。これに対して村々は再度請印を差し出し、三納分の極月上納までは無事に済まされていた(67)。しかし、年が変わり正月になり、十五日の皆済日も間近い安永六年正月十二日(陽暦換算一七七七年二月十九日)木島平を中心に、一揆が発生した。

一揆史料は、いつ、どのような者によって書かれたかを確定することが、その信憑性を推定する上でも重要であるため、一揆の経過等を述べる前に、主に使う史料に関してのみ、以上の点に留意して若干の考察を加えておく。

① 安永六酉年八月「一札之事」（『長野県史』第八巻㈡北信地方　七九〇～七九一頁）端裏書に「安永六酉年一件ニ付、上新田村小前中ゟ名主善右衛門殿へ差出候書付之写」とあるように、一揆の中心となった上新田村で、一揆後に百姓が名主宛に差し出した詫証文であり、これが天保七年十一月に写し取られたものが本史料である。おそらく一揆の処罰申し渡し後間もなく作成されたものと思われる。一揆の当事者により作成され、同村名主に差し出されたものであるが、このような詫証文は、いわば何らかの政治的圧力により、事実に変更が加えられている可能性があると思われる。この史料の場合も、頭取として処刑された藤助一人に責任が帰されるような書き方がされている点、右の可能性を考慮に入れる必要がある。しかしこのような疑問点は残るが、村内の事情とともに、一揆の計画段階の事情が窺われるのは、この史料のみであるため、以下に引用する。以下〔詫証文〕と略す。

② 表題欠（鈴木万吉「安永年間の中野騒動史料㈤」『信濃』第一次六巻一一号　三一～三二頁）「㈦安永騒動の文書」とされているもの。筆者は原史料を未見であるが、「瑞穂村福島新田小泉

捨吉氏所有之一巻森山茂市先生写シタルモノ」とされている。下筋（下高井地方）の打ちこわしは、刻限も記されており、かなり詳細な記述になっているが、東江部村・草間村名主宅の打ちこわしの記述は、事実の指摘のみであることから、おそらく実際に一揆に加わった木島平周辺の百姓が書いたのではないかと推測される。打ちこわしを受けた六ヶ村[68]も正しく伝えており、また後に示すように、細部においても他の史料と一致する点が多い。「安永七年戌七月十七日書」と記されており、時間的にも一揆からあまり隔っていない時点で書かれたと推定され、かなり信頼し得るものと思われる。以下〔鈴木史料〕[69]と略す。

③「百姓一騎《ママ》発之事」（中野市壁田中島家文書）「安永六丁酉正月十一日晩同十三日迄」と記されているが、これは一揆が発生していた頃の日付であり、この間に書かれたものではないと思われる。いわば軍談調の脚色が強く、また文意の不明な箇所も多いため、細部までは信用しかねるが、打ちこわしを受けた家、村に動員がかけられて、それを拒否したために一部破却された名主宅等も正しく伝えており、大筋では誤っていないと思われる。一揆からかなり隔たった時点で、比較的教養のある百姓が書いたのではないかと推測するが、本稿では主に〔鈴木史料〕の補助として用いる。以下〔一騎発之事〕と略す。

④「（表紙）安永六年　　（国立史料館所蔵真田家文書）

御郡方日記
酉六月　」

本史料は、松代藩郡方役人が記した記録である。松代藩は一揆の際、領分境自領村へ地方役人を派遣し、また二月には幕命により派兵しているが、この間を通して得た情報や、中野陣屋や飯山藩との対応などが書き留められており、領主側の動きがかなり具体的に分かる史料である。以下〔郡方日記〕(70)と略す。

⑤　安永六年正月「安永六年正月十二日中野村騒動起記」（中野市立図書館所蔵綿貫家文書）おそらく本史料は、一揆の経過を最も詳細に伝えていると思われるが、残念ながら所在不明になっている(71)。本稿では、金井明夫「御陣屋と百姓」（北信タイムス　一九六八年八月九日～同年十一月十五日）の中で、原文を比較的忠実に引用していると思われる箇所を、補助的に用いることにする。以下〔騒動起記〕と略す。

一揆廻状作成の内談は、正月五日に行われた。野坂田村斧右衛門が、上新田村新助方を訪れ、同村組頭藤助と対談したい旨を新助に語った。それで新助が藤助を呼びに行き、新助宅で内談が行われた。廻状は、藤助が「無筆同然」なために、同村百姓代茂右衛門に、事が顕れても迷惑はかけない旨を話して頼み、茂右衛門が作成した。この時の廻状そのものは現在伝わっていないが、主旨は「当正月十五日御上納之義ニ付、壱ヶ村ゟ百姓弐人宛御訴訟ニ中野へ可罷出、其外百姓不残木島沖江可罷出内談有之」とされている。廻状を作成した件は、上新田村村人にも内密にしておかれ、その晩、安田村方へ送られ、以後上筋（上高井地方）村々を廻ったと思われる。なお、本章第二節で述べるように、一揆頭取として処刑される二名は、野坂田村と上新田村の百姓であり、木島平の中でもこの両村が、一揆形成の際に中心的役割を果たしていたと推測される。（第一部　Ⅱ　22頁「百姓一揆関係略地図」参照）

上新田村では、正月十日、藤助が村人を観音堂へ集め、次のように語った。

> 藤助申候者、当月十五日御皆済抔与申候者、中々御上様ゟ被仰出候与申事ハ決而有之間敷候、是ハ必定中野村名主初メ村々古名主之仕業ニ可有之候間、此度正月十五日皆済仕候ハヽ、来年ハ年内皆済ニ可相成事与存候、外村々も手前去冬中ゟ所々之様子聞合候処、願壱ヶ村成共、正月十五日ニ皆済仕候与言村々百姓壱人も無之候、

正月皆済は中野村名主（＝郡中代）や「村々古名主之仕業」であるとして、村人を扇動してい

るが、一揆の計画はまだ明らかにされていなかった。藤助によって一揆の計画が告げられたのは、翌十一日村中の百姓が彼の指図で再度観音堂へ集まった時であった。再び藤助の発言を左に引用する。

明十二日木島平村々不残壱ヶ村ゟ百姓弐人宛御金訴訟ニ御役所江可罷出由、相残之百姓不残木島沖へ打寄候由下筋村々ゟ段々申来り候間、当村ゟも弐人中野へ罷出可申候、相残之百姓ハ不残木島沖へ罷出可申候、品ニより夫ゟ直ニ中野迄参り候も相知不申候間、其用意ニて可罷出候、併此義者名主殿江者決而無沙汰ニ可仕候、外村々迚も名主へハ知セ不申由、

下筋の村々から、「御金訴訟ニ御役所江」行くことや、「木島沖へ打寄」ることなどが申し送られてきたとする藤助の話に、村人は名主には知らせず木島平へ向かって行ったのである[72]。木島平に集合した百姓の間で、どのような相談が行われたのかは詳かにし得ないが、木島平村大町百姓源左衛門によって、犬飼村名主宇源治が最初に正月皆済を請け負ったとして、同家打ちこわしが提案された[73]。これにより一揆勢はまず犬飼村へ向かうが、このため始めは陣屋の方向とは逆の北の方角に向かったことになる。十二日「八つ時より」兄に代わって名主を務めていた

宇源治宅を、ときの声を上げ、ほら貝を吹き鳴らして打ちこわし、中村沖に再び集まった時は、「七ツ半時」になっていた[74]。ここでまた相談がもたれ、また源左衛門によって、一ノ割村へ押しかけることが提案され[75]、次に一ノ割村名主平左衛門宅が打ちこわされた。同家は、折からの家作準備のための材木や家財道具まで残らず打ちこわされ、一揆勢が一ノ割村を出た時は、「夜の四つ時」になっていたとされている[76]。次に岩井村名主要八宅を、平左衛門宅同様残らず打ちこわし、岩井上森沖で火をたいて暖を取った後、一揆勢は中野村へと急行した[77]。この間には他の村々にも動員がかけられており、上笠原村・間長瀬村・間長瀬新田村では、大勢の者が「同十二日四ツ時」に訪れ、人足を出す事を要求し、三ヶ村名主宅の一部を破却したと後日注進している[78]。中野に向かう下筋の百姓は、途中越村・金井村付近で「同十二日朝六ツ時より」待ち兼ねていた上筋の百姓と合流し[79]、気勢を上げながら中野村へ向かった[80]。「徒党人数凡壱万人」[81]であったとも伝えられている。

中野村では、火の用心をするよう町民に呼びかけるなど[82]、善右衛門家以外には危害を加えるつもりはなかったようである[83]。善右衛門[84]家打ちこわしの模様は、〔鈴木史料〕から一部左に引用する。意味不明な箇所もあるが、打ちこわしの模様がかなり具体的に示されており、また、他の史料と照合しても一致点が多い。

程なく中野につき[85]同夜（十三日）七ツ時割元名主善右衛門家にふみこみ、五万萬石百姓今は念をはらすなりと悦びいさみてふみつぶし候事は人間わざとは不被申、先家作用ハをもて口七間半うらいき二十一間[86]、右之善右衛門手代衆を取廻郡中江過割を申[87]、金銀不足なく見世物、うり物、諸道具、衣類等も筆紙につくしがたし、酒屋もニ酒屋作申、（中略）諸道具は不申及、右之品々一々打つぶし、鎌を以て元のをがせに切さき、切ほどき次第に町中の川江ながし候、川もうまり町中は池の如く水とまり、内より出す物水の上は小山の如くなり、家内不残取出し、あな蔵へ入諸帳面・証文・書物出し切さき、それより土蔵打つぶし、売着類取出し皆々切さき[88]、人々つかれ次第に酒屋に入酒呑、善右衛門ニ酒屋皆呑ほし町の酒を呑、町より飯粥をたき出し、はきものは入次第出し[89]、家内不残取出し、家のはしらかまをもて切をり、大なわかけて引つぶし、

なお、打ちこわし後、善右衛門父子は地元では行方不明になったとされているが[90]、「江戸へ願ニ罷出」[91]たことが、松代藩には同藩内の村から注進されている。

百姓達は十三日午前八時頃までに善右衛門家を残らず打ちこわした後、陣屋に強訴に及んだ[92]。

「百姓共御頼の段、此度正月皆済先年の通三月ニ被成、且又高免之義に御座候間百姓立兼候ニ付、御慈悲に御免合二ツ通御引下被置下候はゞ難有奉存候、此度百姓共相引可申」[93]と陣屋役人に訴え[94]、これに応じる旨の手代長谷川類右衛門の証文を受け取った[95]。この証文は伝わっていないが、〔一騎発之事」によれば、「去申御年貢金正月皆済難相成趣、前々之通三月皆済可致候、其外之願之儀ハ江戸表申達何分ニも我々共願下候間、罷出候者共不残可帰村致、以上」とされており、主旨には大きな差異はないと思われる。

これによって下筋の百姓達は引き取ったのであるが、上筋の百姓の一部は、「四ツ時」より、東江部村名主利右衛門・草間村名主源左衛門宅を打ちこわし[96]、その後小舘原に集合して相談し、再度陣屋に行って証文を再び書かせたようである[97]。百姓達が陣屋元を引き取ったのは、「十三日夜中」[98]ともされているが、一部は翌十四日朝まで残っていた模様である[99]。なお、これらの強訴の際に訴状が提出された形跡は確認できず、免下げなどの要求も付け加えられており、また、上筋の百姓は、打ちこわし後に再度陣屋に行くなどしている。これらのことから、この一揆では、強訴の準備が事前に十分に行われていたとは考え難い。

このような一揆勢の動きに、領主側はどのような対応を採っていたのであろうか。陣屋では、木島平で徒党の気配があるとの情報をつかむと、村々へ急廻状を廻し、徒党に加わらぬように申し付け、請書を緊急に差し出させたようである。西条村は、陣屋元である中野村のすぐ隣であるが、大部分の百姓の連印で十二日「夜四ツ時」に請印を村役人へ差し出している(100)。これによれば、陣屋では比較的早い段階で徒党の情報をつかんでいたと思われる。十三日午前中の強訴を受けた後、陣屋では江戸へ飛脚を出し(101)、また密かに飯山藩へ出兵依頼のために手代村上瀬左衛門を遣わし、村上は「十三日夜九ツ過」に陣屋に戻って来た(102)。

第二節　一揆後

中野陣屋からの出兵依頼を受けた飯山藩では、急遽部隊を編成し、「十四日暁六ツ時」飯山を出発させた(103)。徴発された三〇〇人の百姓を含めた総勢六〇〇人(104)の大部隊が、今井村を経て中野に入ったのは、「十四日昼時」(105)であり、一揆勢は既に完全に引き取った後であった。しかし、再強訴の風聞もあるため、飯山藩兵は、領分境自藩領の今井村に待機することになった(106)。

一方松代藩が一揆の情報を最初に得たのは、「十四日四ツ時」であり、幕領と相給になっている大熊村からの注進によっている(107)。陣屋に強訴が行われてから、ほぼまる一日後ということになる。さしあたって「十四日七ツ時」、三輪六十郎・篠崎屯両手代に附人二人の計四人が小沼村へ派遣された(108)。彼らが小沼村に着いたのは「夜九ツ時過」(109)であるが、その後も追々地方役人が派遣されている。小沼村からは、早速飛脚二人が陣屋へ派遣された。

以飛札致啓上候、然は御支配村々御百姓共、致徒党強訴候段致承知、御心支之義与奉存候、取鎮之義も可被仰下哉と人数手当申付置候、風聞不慥候間、先御様子致承知候様年寄共申付候間、如斯御座候、恐惶謹言、

正月十四日

小川多次　居判

祢津要左衛門　居判(110)

臼井吉之丞様

御手代中様

追啓、右之通御様子不相知義候得共、小沼村迄三輪六十郎其外地方懸り役人并足軽等差出置、御用茂御座候ハヽ、此者共方迄可被仰下候、以上、

飛脚は右のような、様子伺いを兼ねて出兵の用意もあることを伝える書状を携え、また中野

町内の情報なども得て来ることも命じられて派遣された(111)。彼らが、長谷川類右衛門の返書を持って帰って来たのは「十五日五時過」であった(112)。

十五日には、小布施村茂助を遣わし、「善右衛門後役」を申し付けられている彦市に、非公式ながら出兵すべきかを打診した所、「当時《（地）》ゟ飯山江者三里、松城《ママ》江者七里之義ニ候得者、御見廻遅ク候而茂苦敷かる間敷候得者、松城様ゟ御出被成候御役人方ニ茂、一寸与《ママ》此方御役所江御見廻被成候而も宜奉存候」(113)とのことであったので、評議の上再度大熊村友右衛門・小沼村長十郎を中野に派遣した(114)。彼らは類右衛門に会い、「此上又候十七日ニ百姓願ニ出候抔致風聞ニ付、飯山御衆中も今以今井村ニ御扣被下候由、六十郎殿ニ茂御扣可被下哉、尤村方ニ而余迷惑無之様御人数御減シ候共抔」(115)という言伝を得て帰って来た。これにより松代藩役人達は、「十七日終日見合、異変も無御座候ハヽ、十八日引取」(116)ることに決定した。

十六日には、今もって中野平村々名主達が中野に詰めて居るとのことであったので、松代藩役人は、小沼村伝八を使って様子を窺いに遣わしたところ、同村名主平右衛門に出会い、彼の語ったことを伝えて来ている(117)。当時の陣屋元の慌ただしい様子が分かる史料でもあり、長文を厭わず左に掲げる。

平右衛門申候者、今度徒党之発端者是ゟ五、六里下木島平ニ限り、中野平三、四拾ヶ村を招入事発候義、是ゟ下八里を隔七巻村[118]と申ゟ下仕組平[119]迄之一ト巻村々ハ今度強訴人数ニも一向不加、且正月十五日限上納名主御請仕居候得共、昨日ハ勿論今以名主も一向不相出、粗及承候処、右仕組平村々茂事騒敷候由、明日ニも又々仕組平村々致一同、及強訴候義ニ茂可相成哉、百姓徒党は徒党、御年貢上納ハ別段、上納物之義ニ付、調達仕置候与成共、且上納茂出来兼候与成共、扨又善右衛門跡割本之義も代り見立願候共、又ハ村々ゟ月代りニ罷出御用筋指支《ママ》無之様仕候共、以書付右之趣可願旨、ケ様ニ詰居候中野平村々へ被仰渡候得共、今以相談不相決、縦ハ上納調置候与申上候共、此上ハ三月迄御取延可被下置御様子ニ候得共、万一左様書付差上候を木嶋平ニて及承候ハヽ、又々押来り如何様のうき目見候茂難斗抔申候村方も有之、今以是一ツ相談決候義無之候、

右の史料の伝える情報をまとめれば、①今度の一揆の中心は木島平であり、中野平の村々は、これに招き入れられるような形になったこと[120]、②七ヶ巻村から志久見平にかけての村々は、今度の強訴には加わらなかったが、その地域の名主達は未だに中野表にも出て来ず、明日十七日にはその村々が再強訴しそうであること[121]、③集まっている名主達は、陣屋からの指示により、

年貢金上納(122)や、郡中代後任(123)等の問題を相談しているのであるが、再強訴を恐れてなかなか相談はまとまらないこと、等である。

しかし、結局十七日には異変は生じなかったようであり、松代藩地方役人達は、陣屋に退去することを通知した上で、十八日に松代へ引き取って行った。なお、十八日にはひととおりの平静さを取り戻していたようで、中野村に集まっていた名主達も自村に引き取った。また、十七日に東江部村・草間村の打ちこわされた名主宅を検分した長谷川類右衛門・伊東才右衛門は、十八日には下筋の打ちこわしを受けた家々の検分に出かけた模様である(124)。

これ以後二月十二日に江戸から吟味役人等が到着するまでの間は、史料的制約から経過等を十分に明らかにし得ないが、正月二十一日村々名主が召集されて上納日限を糺された際も、三月皆済を願い上げている(125)。正月二十三日には、善右衛門の後任は、中野村組頭・百姓代が交代で勤めることを申し渡してくれるよう郡中で願い上げている(126)。二月に入って、年貢上納の予定日を陣屋に申し出るよう指示された時も、「今以上納仕候村方潰候段専風説有之候ニ付、若上納仕狼藉仕候而ハ村方茂難儀仕候間、不表立内分ニ而御請取可被下候ハヽ、何時ニ而茂急度上納可仕候、右御答書付指《ママ》上申候、以上」(127)との一札が差し出されており、相変らず不穏な状況下にあったことが窺われる。

二月十二日、「吟味」のため二月三日に江戸を出発した勘定所留役甲斐庄武助・同鈴木門三郎・代官臼井吉之丞らが(128)、中野陣屋に到着した(129)。おそらくこれら吟味役人に対して再強訴しようと計画したものと思われるが、計見村年番組頭作左衛門・同村百姓平六らによって、再び一揆廻状が廻わされたが(130)、これは結局強訴に至らずに終わった模様である。翌十三日には早速郡中全名主が召集されているが(131)、おそらく一揆の「吟味」開始が告げられたものと思われる。

一方松代藩には、二月十四日早飛脚によって、江戸から左のような書付が届けられた。

臼井吉之丞御代官所信州高井・水内両郡村々百姓共、騒立及狼藉候付、為御吟味評定所留役甲斐庄武助・鈴木門三郎被差遣候処、吉之丞陣屋人少手薄候間、頭役之者壱人、足軽一組早々彼表江被差出相固、百姓共呼出等之節茂、吉之丞・武助・門三郎ゟ申達次第、足軽被差出候様可被存候、

二月

この幕府からの命令により部隊が編成され、鉄砲頭長井四郎右衛門・弓組物頭称津要左衛門・鎗組物頭正村勇之進ら三名に率いられた松代藩兵総勢三〇〇人は(132)、翌「十五日五ツ時」、城内

から繰り出して行った(133)。一行は「七ツ時前」に小沼村に着き、ここより長井四郎右衛門が陣屋へ赴き(134)、下知の通り出兵した旨を報告した後(135)、同日昼時部隊の一部は中野町松川の南照寺へ入り、残った部隊は小沼村が小村で手狭なため大熊村へ移った(136)。二つに分かれた部隊は、「御人数大勢ニ相見ヘ候様、大熊村足軽之内弐拾人宛小頭先達ニ而、中野詰御足軽弐拾人与毎日昼時代り合」(137)った。一方飯山藩物頭は、中野町東側の蓮光寺に宿をとっていた(138)。

翌十六日には、早速「召捕」の件で呼び出しがあった。

十六日
一物頭之内壱人罷越候様申来候付、正村勇之進罷出候処、飯山御物頭一同陣屋ニ而御留役御逢被成、飯山物頭江明朝木島辺江罷越相固候様、狼藉無之共百姓五七人茂集居候ハヽ、搦捕早速中野江差出候様御申渡被成候、勇之進江右ニ付加勢御指出候様被及御懸合候、且又明日ゟ大勢入籠(牢)申付候、籠屋手薄ニ付、三廻(見)り御足軽等御頼可申旨被仰聞候間、委細承知仕候、其節ニ至御伺等仕候義猶々可有御座与御答仕引取候(139)、

飯山藩物頭は、木島平への出兵を依頼され、松代藩役人は、それへの加勢と牢の見廻りを申

し付けられているが、十七日から、本格的な「捕者」が開始されたことが分かる。また同十七日松代藩役人は、飯山藩の部隊が安田村に移って警固する旨の報告を、同藩より受けている(140)。

これ以後も度々「捕者」のための出兵や、見廻りが依頼されているが、重立った者で捕らえられた日が判明する者は、二十一日上木島村大町百姓源左衛門(141)、二十三日暮方頭取上新田村藤助(142)、二十六日頭取野坂田村治部左衛門(143)である。また入牢者は非常に多かったようで(144)、一揆の中心であった上新田村のように、全百姓が入牢を命じられている例もある(145)。十九日には、「御上納金陣屋差置候間、御人数少々被遣被下様」(146)と、松代藩に年貢金の警固が申し付けられているが、十九日には年貢金は既に上納されていたのである(147)。

二十七日には、飯山藩から同藩に鉄砲使用の許可がおりていたことが告げられた(148)。松代藩も後日使用が許可されたが、〔郡方日記〕も含め、どの史料にも発砲したという記事は見えず、おそらく実際には使用されなかったものと思われる。

二月の下旬には、正月十二日の一揆廻状に関する捜査が村々に対して行われ(149)、三月初めには、二月十四日の再強訴の廻状に関する捜査が行われた。後者の廻状は、更科村に届いた段階で、速やかに陣屋へ注進されていたのである(150)。

なお、三月六日の〔郡方日記〕には、次のような記事が見える。

（三月）六日
一捕者被仰渡候付、対談之儀有之候間、御役人之内壱人差出候様御手代ゟ申来候ニ付、三輪六十郎陣屋江差出候処、長谷川類右衛門申聞候者、上条村ニ捕者有之候処、逃候哉難斗候間、湯治ニ参候様成躰ニ而遣度由申聞候、依之左之通申付ル、（後略）

三月に入っても、相変らず「捕者」は行われていたのであるが、その際には右の「湯治ニ参候様成躰」を装うような策が採られる(151)場合もあったのである。

しかし三月には、「捕者」もかなり片付いていたようであり、飯山藩は同月七日城下上町口の武器・人数を引き取り(152)、九日には松代藩の大熊村の部隊が撤退している(153)。さらに十六日には「詮義荒々片付」いたとして、両藩へ撤兵するよう申し渡された(154)。これにより松代藩は十七日大熊村へ引き取り(155)、「村々一向気遣無之、頭取茂拾人余ニ相極り候」(156)とのことであったので、翌十八日からは、大熊村からも追々撤収することになった(157)。

これ以後の経過については、史料的な限界から詳かにし得ないが、四月十三日藤助ら中心となって行動した者達が江戸へ送られ(158)、「吟味」のため出向いて来た役人達も、同月十五日には江

第6表　安永中野騒動処罰者一覧表

村	身　分	名　前	年齢	処　罰　等
上新田村	年番組頭	藤助	49	獄門（頭取）
野坂田村西組	百姓	治部左衛門	67	獄門（頭取）
〃	年番名主	定右衛門	39	遠島
〃	年番組頭	治左衛門	51	遠島（病死）
野坂田村東組	定名主	猶右衛門	30	重追放（病死）
上木島村大町	百姓	源左衛門	51	遠島（病死）
計見村	年番組頭	作左衛門	50	遠島
計見新田村	定名主	惣右衛門	49	遠島（病死）
庚新田村	百姓	九右衛門	26	中追放（病死）
計見村	百姓	平六	46	遠島
山口新田村	百姓	久右衛門	48	中追放

長野県史第八巻（二）北信地方784～789頁「安永六年八月　高井・水内両郡騒動処罰仰渡証文」、同792～794頁「安永六年　徒党罪科申渡状留」より作成。

戸へ出立したようである(159)。

処罰・御誉等の申し渡しが出たのは、同年八月であり、一揆不参加の三六ヶ村には褒美の銀が与えられ、参加村七二ヶ村は、過料として名主一〇貫文・組頭三貫文、他に高一〇〇石に付一〇貫文が課され、三日以内に納めることを命じられた(160)。第6表は、この一揆での処罰者をまとめたものであるが、処罰者はすべて木島平周辺の村々百姓であった。先に引用したように、小沼村名主平右衛門は「今度徒党之発端者是ゟ五、六里下木島平ニ限り、中野平三、四拾ヶ村を招入事発候」と述べていたが、一揆の処罰者が属す村からも、一揆の中心は木島平の村々であり、中野平の村々がこれに呼応して一揆が形成されたことが推定される。頭取とみなされた藤助・治部左衛門は、江戸で首を刎ねられ、その頸は八月九日から三日間、飯山藩境の安田船渡で晒首となった(161)。

騒動の判決が申し渡されて間もない同年九月、村々に新開・切添地等を対象とした新田検地を行うことが申し渡された。本稿「おわりに」で引用するように、新田検地の申し渡しには、村々に追い打ちをかけるかのように飛騨大原騒動の処罰が引用されているが、この検地は、信州幕領全域に及ぶものであり、安永九年に完了した。

なお、この一揆の後は、三月皆済は認められず、正月皆済と二月皆済を繰り返したとされている(162)。

安永六年正月の一揆は、中野幕領で近世における唯一の百姓一揆となった。

全国各地に散在する幕領に対する幕領政策は、藩領に比べて、一般に各地域の特性を軽視しがちな傾向があると考えられるが、安永中野騒動での、正月皆済強行による一揆の発生は、まさにこの一典型と言えよう。また、幕領政策は、代官によって実際に各地の幕領で遂行されることになるが、第二章で述べたように安永中野騒動では、代官の政策に対する対応や、百姓への対応を、騒動形成の際の要因として見落とすことはできない。さらに幕領では、本来的に弱い支配機構を補うために、郡中代や組合村などの、いわゆる中間支配機構が広く見られるが、安永中野騒動においては、組合村が廻米吟味の惣代選出の際に機能し、また代官側と結んでいた大庄屋的性格の強い郡中代は、一揆の際には打ちこわしの第一の目標とされた。以上のような事例から、安永中野騒動は、多分に幕領的特質を反映した騒動とも言い得よう。

おわりに

本稿では、中野幕領の動向を中心に考察を加えてきたが、結びに代えて、安永中野騒動と飛驒大原騒動との関連について考察を加える。

第四章第二節で述べたように、一揆直後の安永六年九月、中野幕領の村々に新田検地を行うことが申し渡されたが、この新田検地は、信州全幕領を対象にしており、幕府ではかねてから予定していた施策であったと思われる。新田検地とされてはいるが、規模の大きな新田開発が行われていた訳ではなく、新開・切添地のように、百姓が田畑の地続きなどを、わずかばかりずつ開墾した土地を対象にした検地であり、新田検地帳に記載された土地の大部分が、隠し畑、見付畑、山畑、芝間、川原田等である(163)ことに、この新田検地の特徴が端的に表れている。このため、第7表(164)に示すように、四二ヶ村平均で、打ち出しは一〇石にも達していない。しかし、一村毎にすればわずかずつの打ち出しでも、信州全幕領を合計すれば、幕府にとっては幾許かの増収になったはずである。

左に掲げるのは、この安永六年九月の新田検地申し渡し(165)の一部であるが、本稿冒頭で引用

第７表　安永９年新田検地請高（中野市域）

村　名	検地請高	主な検地場所	村　名	検地請高	主な検地場所
	石			石	
中　野	10. 224	山地　平地	牛　出	―	検地帳なし
小田中	7. 798	〃	大　俣	22. 586	山地
西　条	5. 103	平地	田　麦	8. 178	〃
西　間	2. 226	〃	厚　貝	21. 921	〃
新　野	2. 713	〃	壁　田	3. 356	山地　平地
更　科	3. 172	山地	竹　原	29. 603	平地
間　山	19. 536	〃	金　井	11. 359	〃
北大熊	2. 631	〃	新　井	6. 649	〃
新　保	1. 398	平地	若　宮	7. 657	〃
篠　井	1. 756	〃	上笠原	3. 692	〃　河原
桜　沢	13. 355	山地　平地	下笠原	5. 371	〃　〃
一本木	15. 910	平地	間長瀬	5. 700	〃　〃
吉　田	10. 839	〃	新間長瀬	1. 478	〃　〃
岩　船	7. 081	〃	越	8. 072	山地　〃
片　塩	24. 919	山地　平地	深　沢	0. 984	〃
東江部	1. 309	平地	赤　岩	14. 243	〃
西江部	26. 009	〃	柳　沢	35. 379	〃
七　瀬	11. 963	〃　山地	田　上	16. 501	〃
安源寺	1. 882	〃　〃	岩　井	1. 464	字月岡ほか
草　間	3. 687	〃　〃	岩井新田	2. 080	〃
栗　林	24. 922	〃　〃	小　沼	―	なし（安永６年に検地済）
立ケ花	7. 733	〃　〃			
			42ヶ村	412. 480	

○検地帳のないところは、他の検地帳からとって作成。

した安永六年九月の全国法令と同様に、飛騨大原騒動も引用されており、この期の幕領政策や大原騒動との関連を考察する上で、注目すべき内容を含んでいる。

> 去ル巳年飛騨国切開地等御改有之節、村々及難渋江戸表江押《ママ》訴いたし、御吟味中猶又村々致徒党御代官陳《ママ》屋門前江相詰、強訴之上社地内抔ニ屯いたし候得共、徒党之もの共不残被召捕、磔・獄門・死罪・遠島以下大勢御仕置ニ相成、相残もの共改之趣意を弁後悔いたし、国中ニ而壱万石余之高請いたし、重キ御仕置ニ可成ものを御宥恕を以御改有之候処、其御趣意を不弁不法之願を企、格別重キ御仕置成、父母妻子等迄及難儀候事不便之至ニ候、越後国魚沼郡中者宝暦四戌年ゟ同子年迄御改有之候処、最初ゟ右之御趣意[166]を銘々弁、村々ニ而内改いたし、検地相願、郡中ニ而壱万五千石程之致高請、二十ケ年余ニ相成候得共、其れ丈ケ困窮之沙汰無之、右之外少々宛之切開地高請いたし候村方所々ニ有之候、

宝暦年間に越後魚沼郡で行われた検地は、「荒地起返并畑田成、其外切開地等」[167]を対象としたものであり、また、飛騨における検地も、申し渡しの段階では「新開切添畑田成」[168]を対象としており、検地の対象は信州の幕領と同様であったといえる。つまり一国一郡単位で、わずかず

つの新開・切添地等を対象にした検地を一斉に行い、年貢増収を図るという仕法が採られたのである。宝暦期には幕府の年貢収量は頭打ちとなり、漸減傾向を示し始める。今のところ越後魚沼郡・飛騨・信濃の事例を挙げ得るのみであるが、右のような新田検地の仕法は、この宝暦期になって採られるようになったのではないかと思われる。

飛騨と信濃では、このような仕法による新田検地が行われようとした。しかし飛騨(169)では、当初の申し渡しに反して、検地が古田畑の丈量にまで及んだため、百姓は一気に硬化し、前掲の史料にもあるように安永二年七月二十六日、検地を新田に限ることなどを登城途中の老中松平右近将監武元に駕籠訴し、また同日、勘定奉行松平対馬守忠郷邸への駆込訴も決行された。さらに飛騨では同年十月二十日、大挙して高山陣屋への強訴が行われ、これは隣藩郡上藩等の出兵によってようやく鎮圧されるほどの、大原騒動における最も激しい一揆となった。

明和から安永にかけて、中野幕領を含む信州の幕領では、廻米・皆済期月・新田検地という幕領政策が遂行されていたが、同時期の飛騨でも、これら三つの施策が実施され、大規模な騒動に発展していた。この時期の廻米政策は、宝暦―天明期の幕府財政に特徴的な、現米収支の不償いを解消しようとする意図に基づくと考えられる。年貢納期厳守の政策は、年貢増徴が限界に達した後に、その遅納・未納の防止に力点が移されたためであったと推測される。また、この時期の新田検地は、田畑の周囲にわずかずつ切り開かれた耕地を対象に、わずかずつの年貢増収を、国・郡単位の広い地域から一斉に集積しようとする年貢増徴策であった。これら三つの政策は、幕藩体制の転換期と言われる宝暦―天明期に特徴的に表れた幕領政策と位置づけられる。しかし幕府は、これらの政策に対して、信州中野幕領と飛騨で、百姓の強い抵抗を受けたのであった。本稿冒頭で引用した安永六年九月の全国法令が出された背景には、このような幕府側の事態もあったのであり、二つの一揆が、単に地理的・時間的に近接して起こったからのみとは考え難い。この法令では、一揆の処罰の内容が逐一引用されるとともに、「誠ニ不憫之至候」と百姓を威嚇してはいるが、見方を換えれば、このような書き方に、幕府の危機感を読み取ることも可能である。幕府にとっては、脅威とすべき事態が、新たに生じていたのであった。

註

はじめに

⑴ 安永中野騒動の期間を設定するとすれば、明和四年閏九月の廻米吟味の開始から、一揆の処罰・御誉等の申し渡しが出た安永六年八月までである。

⑵ 『御触書天明集成』 三〇二〇号

第一章第一節

⑶ 松平右近将監武元　当時老中。なお、老中松平武元は、本稿「おわりに」で触れるように、大原騒動の過程で、安永二年七月、江戸に出ていた飛騨の百姓から、新田検地の件で駕籠訴を受けている。

⑷ 水野出羽守忠友　当時側用人

⑸ 古島敏雄「商品流通の発展と領主経済」（『岩波講座日本歴史』近世4　岩波書店　一九六七年）九四頁なお、中井信彦氏も、宝暦期以降の代金納部分の増加を指摘している。（中井信彦『転換期幕藩制の研究』塙書房　一九七六年　三六頁）

⑹ 向山誠斎「癸卯雑記」四所収の「御年貢米其外諸向納渡書付」等に関しては、本稿はすべて辻達也・松本四

郎「『御取箇辻書付』および『御年貢米・御年貢金其外諸向納渡書付』について」（横浜市立大学論叢一五巻人文科学系列三号）によっている。

(7) 金井明夫「高井地方の米相場」（『高井』第二七号）

第一章第二節

(8) 『徳川禁令考』第四帙　三三一頁

(9) 中野幕領の支配は「明和七年六月より安永七年十一月まで。」『中野町史』　四六頁

(10) 小野日向守一吉　石谷備後守清昌　ともに当時勘定奉行

(11) 『日本財政経済史料』第五巻　三四頁

(12) 『御触書天明集成』　二四五七号

(13) 『日本財政経済史料』第二巻　二一四頁

(14) 『牧民金鑑』上巻　六四八頁

(15) 代官組合は、明和七年に新設されている。（『日本財政経済史料』第四巻　六六四頁）

(16) 中野幕領の支配は「宝暦十一年より明和七年一月まで。」『中野町史』　四六頁

(17) 安永五年申年二月「乍恐書付を以奉願上候」（中野市西条区区有文書）

(18) 前掲中井信彦『転換期幕藩制の研究』　三三三頁参照

第二章第一節

(19) 明和四亥閏九月「被仰渡書」（中野市草間共有文書）

(20) 大口勇次郎「北信濃における石代納」（宝月圭吾先生還暦記念会編『日本社会経済史研究』近世編　吉川弘文館　一九六七年）

(21) 湯本豊佐太「信州中野天領の中間支配機構㈠」（『信濃』二三巻六号）　四五六頁。さらに具体的には、「高井郡は『最寄御城下飯山町・須坂町ニ而立冬十日之間、米穀相場』を『取被遊、両所平均御直段』を以って御立値段としていたのである。一方、水内郡の御立値段は、須坂町・善光寺町の立冬十日間の平均石代をあてていた。」としている。

(22) 大口勇次郎前掲論文　二九四頁

(23) 明和四亥年十月「乍恐書付ヲ以奉願上候」（須坂高校所蔵山田家文書）

(24) 明和四亥年十月　表題欠（須坂高校所蔵山田家文書）

(25) 明和四亥年十月十六日　表題欠（須坂高校所蔵山田家文書）

(26) 同右

(27) 明和四亥年十月「当亥御年貢米御廻米之積御吟味ニ付御尋之趣左ニ申上候」（中野市綿貫家文書）
同様の史料が須坂高校所蔵山田家文書の中にもあるが、両者は、川下場までの里数、村所有の馬数などは異なっている。

(28) 明和四丁亥十二月十二日　表題欠　（伊那市向山家文書）

(29) 明和四年亥十一月「御尋ニ付申上候事」（箕輪町唐沢家文書）

(30) 明和九辰年正月「乍恐以書付御訴訟奉申上候」（中野市綿貫家文書）

(31) この廻米吟味の際に、中野幕領惣代から差し出されたと思われる文書が、『北信郷土叢書　巻三』　四二〜四五頁に掲載されている。

(32) 金井明夫「御陣屋と百姓」（北信タイムス　一九六八年八月十四日版）によれば、中野幕領の惣代は五月二十四日に江戸へ出立し、七月十九日に帰村したとしている。

(33) 「辰六月十二日江戸表ニ而竹垣庄蔵様御屋敷江、飯塚伊兵衛様・臼井吉之丞様御立会之上、御三分様并御元方・御手代、臼井吉之丞様御元方岩田奥右衛門様、飯塚伊兵衛様御手代伊藤台八様、竹垣庄蔵様御元方平井弥兵衛様、嶋隼人様御元方小林嘉右衛門様、嶋隼人様ニハ御役替ニ付御出無之、右御烈《ママ》座ニ而厳敷御吟味奉請候、」（明和九年辰七月「御吟味ニ付申上候覚」　中野市小林家文書）

(34) （表紙）「御廻米被仰渡候御書付写」（飯島町本郷神社文書）

(35) （表紙）「安永二年巳五月　高井郡百弐ヶ村御廻米入用積り書上帳」（中野市小林家文書）
（表紙）「安永二年巳六月　御吟味書写」（佐久市市川家文書）

(36) 県史表題「明和九年六月　御樽木成二十七ヶ村総代江戸廻米吟味答書」（『長野県史』第四巻㈡南信地方

九七四頁）

第二章第二節

(37) 安永二巳年十二月「差上申一札之事」（中野市西条区区有文書）冒頭の一節

(38) 中野市小林家文書

(39) 中野市竹内家文書

(40) 「迚茂年内皆済ハ相成間敷候間、正月皆済可成たけ取立、先壱ヶ年上納仕候ハヽ、来酉年ゟ如前々之三皆済相成候様、たとひ御役障り候共強而可申立、万一場所替等被仰付候而茂、跡御代官江申送り可遣候間、端永之分者三月相納候様、金切正月上納仕候様ニ村々名主ども被召出、御巨細御利解《マヽ》被仰聞候上、右之段御判物御書付被下置候、」（安永七年戊九月「乍恐書付を以奉願上候」中野市中島家文書）

(41) 中野幕領の支配は「安永七年十一月より同九年九月まで。」『中野町史』　四六頁

(42) 石谷淡路守清昌　当時勘定奉行

第三章

(43) 「信濃における幕府代官所の構造と特質」（『信濃』三〇巻三号）　一七一頁

(44) 『長野県史』第八巻北信地方所載「高井郡・（下）水内郡の所領変遷」より

第三章第一節

(45) 樋口和雄「安永騒動への発展過程㈡」(『高井』第三三号　二一～二二頁)引用史料
(46) 県史表題「明和九年正月　高井郡市川谷村々江戸廻米御免出訴内談証文」(『長野県史』第八巻㈡北信地方七一四～七一五頁)
(47) 〔一揆参加村〕と〔一揆不参加村〕を、一村毎に示したものが第8表①②である。表中の「定」は定名主をさし、「年」は年番名主をさしている。
(48) 松代藩では、長百姓―頭立層による村役人選定制を上から強く規制していたが、幕領の規制はごくゆるやかであったとされている。(前掲「信濃における幕府代官所の構造と特質」　一七二頁)
(49) 古川貞雄(『信濃』二五巻九号)
(50) 「大塚庚作様被仰付候趣」(『下高井郡誌』　四八～五二頁)
(51) 古川貞雄前掲論文　七四二頁
(52) 「松代藩では本百姓に相当する頭判(一打)百姓の下に、合地・別家・借地・加来・帳下等々の複雑多様な判下身分が存在し、飯山藩でもかなりに複雑であるのに対して、幕府領では少なくとも中期以降、高持百姓である本百姓とそうでない水呑とに単純化斉一化している。」(前掲「信濃における幕府代官所の構造と特質」　一七三頁)
(53) 阿部敏明「近世竹原村における農民階層の分化について」(『高井』第八・一一号)

第８表①　定名主・年番名主表〔一揆参加村〕

上木島村　大町	定	神戸村	年
中町	年	小菅村	年
西町	年	関沢村	年
寒沢	定	野沢村　本郷	定
山岸村	（兼）定	中尾組	年
山根村		針田村	年
其綿村	年	笹沢村	定
吉村	年	柏尾村	（兼）定
野坂田村東組	定	重地原村	
坂井村	年	坪山村	年
天神堂村	定	平林村	年
下木島村	年	虫生村	年
安田村	定	前坂村	年
上新田村	定	上条村	年
竹原村	定（２人）	戸狩村	年
越村	年	一本木村	年
深沢村	年	吉田村	年
田上村	定	岩船村	定
柳沢村	定	新井村	定
赤岩村	年	金井村	不明
岩井新田村	定	若宮村	定
山口新田村	年	上笠原村	年
庚新田村	定	下笠原村	年
計見村	定	大熊村	定
計見新田村	定	新保村	定・年
夜間瀬村　本郷	年	西間村	定
宇木組	年	篠井村	年
横倉組	年	西条村	年
前坂組	年	西江部村	定
須賀川組	年（２人）	安源寺村	（兼）定
高石村	定	安源寺新田村	
平沢村	年	片塩村	定
馬曲村	定	牛出村	定
南鴨原村	定	大俣村	年
北鴨原村	年	七瀬村	定
内山村	年	田麦村	定
中村	定	厚貝村	定
稲荷村	定	壁田村	定
和栗村	定		

以上の村々は、強訴・打ちこわしに加わったとして、過料が、名主10貫文、組頭３貫文、他に100石に付10貫文ずつ課された。なお、参加する旨の書付のみ差し出し、実際には参加せず御叱りの処分を受けた村は〔一揆参加村〕から除外した。

小林太郎「安永騒動と其の全貌（三）」（『高井』第４号）26～32頁所載「騒動の実情調書及び判決」より作成。

註

第８表②　定名主・年番名主表〔一揆不参加村〕

北原新田村	定	間山村	定
志久見村	定	高遠村	定
平瀧村	定	小田中村　上組	定
押切村	定	下組	定
犬飼村	定	寒沢村	年
同村城之前組	定	菅村	年
〃　新田組	定	松川村	定
一ノ割村	定	栗村	定（２人）
岩井村	定	間長瀬村	定
中野村	定	間長瀬新田村	定
草間村	定	小見村	定
東江部村	定	七ケ巻村	定
更科村	定	東大瀧村	定
雁田村	不明	箕作村本郷	定
中条村	年	月岡組	年
桜沢村	年	桑名川村	定
小沼村	定	西大瀧村	年
新野村	定	白鳥村	定
森村	定	青倉村	定

一揆不参加等により御褒美・御誉を受けている村々。

前掲小林論文「安永騒動と其の全貌（四）」（『高井』第４号）15～18頁所載史料より作成。

第三章第二節

(54) 中野市小林家文書

(55) 湯本豊佐太「信州中野天領の『御触』伝達系統」(『信濃』二〇巻三号) 一九七頁

(56) 明和九年辰三月「乍恐以書付奉願上候御事」(飯田市岡島家文書)

(57) 明和九年辰十月「乍恐以書付奉願上候御事」(下伊那郡浪合村千葉家文書)

(58) 県史表題「安永二年八月、高井郡中野村等江戸廻米御免願」(『長野県史』第八巻㈡北信地方 七一六〜七一八頁)

(59) 安永五年申二月「乍恐書付を以奉願上候」(中野市西条区区有文書)

(60) 田中毅「奥信濃における江戸出稼ぎ」(『高井』第三一号)によれば、江戸出稼ぎは、かなり広く行われており、「水呑層から江戸出稼者が多数送り出されたものと推定され」ている。

(61) (表紙)「安永六年　酉六月　御郡方日記」(国立史料館所蔵真田家文書)。第四章第一節参照。

(62) 県史表題「安永六年八月　高井・水内両郡騒動処罰仰渡請証文」(『長野県史』第八巻㈡北信地方 七八四〜七八九頁)。

(63) 県史表題「安永六年八月　高井郡上新田村名主宛総百姓騒動詫証文」(同右 七九〇〜七九二頁)

(64) 前掲湯本豊佐太「信州中野天領の中間支配機構」 五八〇頁

(65) 前掲金井明夫「御陣屋と百姓」（北信タイムス　一九六八年九月二十七日版）

(66) （安永六年）酉十二月「申渡」（中野市田中家文書）

第四章第一節

(67) 一揆の中心となった上新田村においても「又々秋中御代官様御検見御陣着之節、村々名主江御直ニ右之利解《ママ》被二仰聞一、一同承知奉レ畏御請印形二奉差上一、右被二仰渡一之趣村中惣百姓江得与申聞候上、十月ゟ十二月迄御年貢金上納仕候、」（『長野県史』第八巻㈡北信地方　七九〇頁　県史表題「安永六年八月　高井郡上新田村名主宛総百姓騒動詫証文」）とあり、極月上納までは滞りなく済んでいた。

(68) 『北信郷土叢書　巻三』所載「差上申一札之事」（一二～一七頁）によっても、打ちこわしを受けた家は、犬飼村・市ノ割村・岩井村・中野村・東江部村・草間村の六ヶ村名主宅であり、当時犬飼村では、兄六左衛門に代わって弟宇源治が名主を務めていた。なお、宇源治は苗字帯刀が許されていた。

(69) 青木虹二編『編年百姓一揆史料集成』第五巻（三一書房　一九八〇年）二七〇～二七二頁にも掲載されている。

(70) 同右、二七三～二七八頁にも一部掲載されているが、誤記・誤読がはなはだしく多い。

(71) 昭和五十五年六月頃までは存在が確認されている。再び本史料が見つけ出されないとすれば、非常に重大な損失である。

(72) 以上の記述はすべて〔詑証文〕による。

(73) 源三衛門に対する罰科申渡（『長野県史』第八巻㈡北信地方　七九三頁）の一節に、「皆済被申渡ヲ犬飼村宇源治請合候処、外村々茂無拠致印形候様ニ罷成候旨申出し、村々百姓共ヲ為騒、一ノ割村江も可押寄旨致差図候より、村々名主宅打こほち及狼藉候始末相成候、」とある。

(74) 〔鈴木史料〕「取々相談いたし同日八つより犬飼村戸那子名主六左衛門方江取欠、戸那子村二重三重に取巻時の聲ほらのかい筆紙不及、右六左衛門宿半つぶしに打こはし、中村沖に皆々引集申候得者同日七ッ半時に罷成」。「戸那子」は字名で、「六左衛門」は、弟宇源治の誤りである。

なお、〔騒動起記〕には、「犬飼村名主　宇源治　是は正月皆済請印初判之由、下筋にても利口に候えば、同役の憎まれ者に候由、右は理不尽に踏込み、居宅その外土蔵諸道具迄、悉く打こわし申候。その上宇源治出候はば打殺し可申由申候えば、隠れ候てその儀無く候。」とある。「半つぶしに打こはし」「居宅その外土蔵迄、悉く打こわし申候」と記述に違いがあるが、どちらとも判断し難い。

(75) 註73参照

(76) 〔鈴木史料〕

なお、平左衛門家打ちこわしの模様を、〔騒動起記〕は次のように伝えている。

市ノ割村名主平左衛門

右　同　断

是は来春中家普請の心掛にて、材木その外夫食等迄用意候処、木柱不ㇾ残切り倒し、其上不ㇾ残川に流し申候。

穀物類は不ㇾ残俵切り、まき散し申候。

(77)〔鈴木史料〕

(78) 乍ㇾ恐以二書付一奉二御注進申上一候

一当月十二日昼八ツ時下筋百姓騒立候風聞承候ニ付、当村之百姓共江申渡シ候者、縦外村之者如何様ニ騒立候共、惣而私共村方百姓共義、一切外江騒出申間敷旨申渡置候而、御條目通り相守罷有候処ニ、同十二日夜四ッ時何方ゟ参候哉、大勢ニ而当村々江押寄鳴ヲ立、三ヶ村名主宅へ押掛ケ、右大勢之者共申候ハ、人足出シ不ㇾ申候ハ者村中ヲ踏潰ス抔と申、名主表通り留戸・障子・まど等ヲ打かを《ママ》し、其外真木《ママ》・石抔を多ク投込殊之外打荒シ申候、依ㇾ之村中名主宅江欠《ママ》ケ着候者共ヲ、突然存之外成義ニ而難義致シ候、然共家財道具等ヲ痛め候程之義ニ茂無御座候、依ㇾ之右御届ケ申上度奉ㇾ存候間、三ヶ村役人乍ㇾ恐以二書付一御届ケ申上候通、少茂相違無二御座一候、以上、

安永六年酉正月十七日

高井郡笠原村
三役人

同郡両間長瀬村
三役人

中野
御役所　（中野市土屋家文書）

(79)〔鈴木史料〕

また〔一騎発之事〕では、「金井尻」を経た後、軍勢が「三万騎」から「都合四万五千騎」に増加している。

(80)〔鈴木史料〕

(81)〔郡方日記〕正月十五日付「口上覚」

(82)〔騒動起記〕「火をたき候様子が見え候えば、火の用心仕るよう厳しく申し、聞入れなくば打殺す様申候ニ付、町中のこらず火を消、戸を締め人音致さぬよう差控え申候。」

(83)〔郡方日記〕正月十五日付「口上覚」「中野表ニては善右衛門を打潰候外、惣而破損無二御座一由、」

(84)善右衛門家は、「ニュー春日」という店舗のあった所とされ（前掲「御陣屋と百姓」一九六八年九月二十七日版）、陣屋（現中野陣屋・県庁記念館）からは、わずか一〇〇メートル程の距離である。

(85)〔騒動起記〕では「中野へ押寄せ候は十二日夜八ツ時にして」としている。

(86)〔郡方日記〕正月十五日付「口上覚」には「善右衛門建家六間ニ弐拾七間」とあり、ほぼ同じ大きさを伝えている。

(87)〔一騎発之事〕「一間の町ニ悪右衛門と申大同（強欲カ）能者有レ之、於二テハ陣屋一長沢多貝伊尉と申是を後立取、百姓ヲ掠め年々莫大之割懸を致、種々名付取しほり、四万八千石惣百姓困窮仕」。「悪右衛門」とは、善右衛門をさしている。両史料とも、善右衛門が陣屋の役人と結んで割懸等で不正をしていたと記している。

(88)〔騒動起記〕「着類はのこらずたずたに切り裂き、其上川へ流し、穀物類は俵を切り、土蔵の内外へ蒔ちらし申候。また膳椀皿鉢は打くだき、是も川へ流し、諸帳面書付等は刈裂き踏みちらし候。戸障子唐紙等は寸々に踏折り、たたみも寸々に切ちらし申候、子供衆の売物、諸帳面等一と色にても用立つ品これ無く候、」

〔郡方日記〕十四日小沼村からの注進「割役中野町善右衛門家打潰、土蔵四戸前打潰、諸道具不残打破、衣類を以川留、火之用心与申立候由」。打ちこわした物を川へ捨てる様子などは三者とも一致し、打ちこわしの徹底ぶりを伝えている。

(89)〔騒動起記〕「町中へ入込み、食べ物或はわらじ、たばこを出せなどと申し、町中の酒屋にては酒を出してくれ申候。」打ちこわしのかたわら、中野村村人から酒飯等が出されている。

(90)〔鈴木史料〕「善右衛門ならびに家内のもの行方知れ申さず。」

(91)〔郡方日記〕正月十四日付「口上覚」

「昨夜五時頃中野町善右衛門三、四人連ニ而、江戸へ願ニ罷出候与申、福島ゟ旅駕籠ニ乗相通り候由、福嶋村申聞候、町川田村人足共申候者、昨夜矢代(屋)ニ而夜明ケ善右衛門親子之者共為乗送り候由相咄申候、小沼・大熊ニ而ハ善右衛門は何方ニ隠シ居候哉、行衛相知不申と斗申聞候、」

(92)〔騒動起記〕「十三日朝五ツ時迄に善右衛門宅をのこらず打こわし、それより数百人御陣屋御門前へ罷出て、御願の儀有之段申上げ、貝がね大鼓にて追々集り申候。」

なお、〔騒動起記〕や〔鈴木史料〕では、穏当な訴え方をしたように記されているが、〔郡方日記〕や〔一騎発之事〕では、かなり激しい強訴の模様を伝えている。〔郡方日記〕十四日小沼村からの注進に「陣屋江茂相詰候付、御手代三人罷出制候処、長谷川類右衛門江対シ以之外悪言申散、下駄・足駄・割木等打付候付、早々逃込候由、」とある。

(93)〔鈴木史料〕

(94) 頭取藤助・治部左衛門への罰科申渡（『長野県史』第八巻㈡北信地方　七八七頁）の中の一節には、「陳（陣）屋元江押寄セ御年貢差延・免下等之願を口々ニ申立及強訴ニ」のようにある。

〔騒動起記〕「一同申上候は、此度願の筋は正月皆済の義先達て仰付られ候処、近年打続く不作にて村々困窮仕り皆済は勿論、大小百姓相続相成りがたく、前ゝ通り三月皆済に成され、其上に当時の免合二ツ引になし、只今までに斗安セリ上げの分御引下げ、前々の通り御願い申上げたく、かくは大勢相集まり候由申し候。」

〔郡方日記〕十四日、小沼村からの注進「三月上納、正月上納ニ申渡有□（ムシ）年免相弐分通被引上難渋之旨、其外都合拾弐、三ヶ条願有之候由」。免下げも場当り的な要求といえるが、三月皆済・免下げの他にも、斗安石代願等の要求がいくつかあったと思われる。なお、訴状が提出された形跡はない。

(95)〔郡方日記〕正月十四日付「口上覚」「村々願通ニ可致旨類右衛門印紙出候付、落着引取り候由ニ御座候、」

〔鈴木史料〕「上下書付ニ被成御役人方の判を被成、」

〔一騎発之事〕「寄手軍兵申様は、夫書付ニ印形居二通相渡可と申ける。心へたりと印形居江相渡す、未《ママ》方勢二通請取暫ク息を次《ママ》ニけり、」

(96) 〔鈴木史料〕

(97) 前掲「御陣屋と百姓」（一九六八年十月四日版）

(98) 〔郡方日記〕正月十六日長谷川類右衛門の書状の一節「百姓共十三日夜中迄不残引退相鎮リ候様子ニ御座候、」

(99) 〔郡方日記〕正月十五日彦市が茂助に語った言「昨朝一先村々引取候得共、於当町者今以落着候心地不仕、」

(100) 一札之事　（中野市西条区々有文書）

一今度木嶋平不届之百姓大勢相集リ、鐘・太鞁《ママ》ヲ鳴シ徒党之粧ヲ招キ寄、不届至極之事ニ付、若村方愚意之百姓共も有之、徒党ニ加リ後日ニ後悔可致事ニ付、村役人小前百姓共へ此趣得与申聞、随分心得違無之様ニ可申付候、若於相違者可為曲事者也、

臼井吉之丞御役所

右者急御廻状を以被　仰渡候条、村役人中ゟ急触を以被仰聞候趣委細承知仕候、依之村中惣百姓随分相慎徒党ニ加候義ハ勿論、其外何事ニ寄す村番等厳鋪仕居可申候、若此義相背者御座候ハヽ、何分之越度ニも可被申上候、依之村中連印仕候処相違無御座候、以上、

安永六年酉正月十二日之夜四ツ時

三右衛門　万右衛門㊞　㐂兵衛
半　六㊞　小右衛門㊞　半　蔵㊞
与右衛門　良　八㊞　与左衛門㊞
（以下略）計印有り　五一名
印無し　一六名

西条村は一揆参加村であるので、この時点で請印を押していない百姓は、一揆に加わっていた可能性がある。

(101)〔郡方日記〕十四日付「口上覚」「昨日入会時分、中野ゟ江戸への飛脚福嶋村相通候旨同村申二聞之一、」

(102)〔騒動起記〕「御手代村上瀬左衛門殿、飯山本多彦三郎様へ、加勢おたのみ申度段にて御出立、御頼みなされ候処、御承知に付、則ち十三日夜九ツ過陣屋へ御帰り被レ成候。」

〔郡方日記〕十五日付「口上覚」「飯山之義者中野近所ニ付、内々ハ御手代衆ゟ密願参り、弓・鉄炮《ママ》等之用意御手勢被二差出一候由ニ風聞も仕候由ニ御座候、」

〔一騎発之事〕「飯山本田殿江しのびに無腰無装束ニ而貝《カ》作渡しを越シ本田江無心行、」

第四章第二節

(103)〔騒動起記〕「飯山御城下にては右御頼みの手代衆参られ候より、殊の外なる騒ぎに相成候て、昼夜騒立候由に御座候。翌十四日暁六ツ時飯山御立馬、」

(104) 同右「都合六〇〇人、内三〇〇人物頭其外御家中。三〇〇人御領分御百姓役にて、御触立に付御加勢人数、」

(105) 〔郡方日記〕十五日彦市が茂助に語った言「飯山ゟ茂昨日昼時御手勢被召連、御郡奉行大久保久兵衛様、若林半之丞様、御目付羽前カ小仁様、御医師安達伯意老御越被成、御手代衆御参会御座候、」

(106) 〔騒動起記〕「段々評議にて、たとへ隔り居候共、万一押寄候節者早速駈付可申と被申、今井村へ御引退御陣取被成候、」

(107) 〔郡方日記〕「当十二日夕七ツ時ゟ中野臼井吉之丞様御支配所村々五万石程之御百姓、御取箇之儀付徒党及強訴、壱万二、三千之人数中野町江相詰候由、大熊村十四日四ツ時相訴候、小沼村ゟも同日夕方相訴候、」

(108) 同右「御用番十四日八時被仰渡、三輪六十郎并篠崎屯、手代両人、附人四人十四日七ツ時出立、小沼村迄差遣、」

(109) 同右、十四日付「口上覚」「私儀（三輪六十郎—引用者註）、夜九ツ過小沼村着仕、」

(110) 小川多次・称津要左衛門は、松代藩役人で「御用番」とされている。

(111) 〔郡方日記〕「書状差出候様、且又町内打崩候家、其外風聞等ニても承申聞候様申渡、」

(112) 同右「右飛脚之者、十五日五時過罷帰、」

(113) 同右

(114) 同右「一同評義《ママ》仕、尚又大熊村友右衛門、小沼村長十郎両人申付、中野江遣、」

(115) 同右

(116) 同右

(117) 同右「中野平村々名主今以中野ニ詰居候之由ニ付、今日小沼村伝八江申談、中野江遣様子承候処、御料《ママ》小沼村町宿江罷越見候処、二、三拾ヶ村名主共相見へ、御料小沼名主平右衛門に出会様子承候、」

(118) 「七巻村」は七ヶ巻村

(119) 「仕組平」は志久見平

(120) 木島平が一揆の中心となった一応の理由としては、この地域が中野平などに比べれば、かなりの深雪地帯であるということが挙げられよう。しかし、これのみではなく、むしろ米穀流通のあり方がこの主要な要因ではないかと推測しているが、史料的制約もあり、解明できなかった。

(121) 安永六酉年二月「一札之事」（飯山市土倉共有文書）は、一揆後に桑名川村惣百姓連印で村役人に差し出した一札であるが、その中には左のような一節がみられる。

一札之事

一当正月騒立ニ罷出候哉之旨、度々御尋被成候へ共、其節一向趣意も不存、殊ニ大雪降積舟留傍通路相成不申候間、於当村中壱人も出候者無之候、

（中略）

田畑御高免之儀も、御見分之上其土地相応之御取箇被為仰付被下候様、各々江申出候へ共、此節右躰

之御訴訟申出候而ハ、騒立同様ニ相聞へ、御上様ヘ対恐入候儀ニ候へハ、後年ニ至御訴訟可申上候間、先相静り当時決而申出間敷旨段々御利害被申聞、承知得其意候へハ、弥堅相止可申候、

また第三章第一節史料㈤で触れたように、明和九年正月の中野代官所での吟味でも廻米問題が解決しなければ、この辺一帯の村々で独自に惣代を江戸へ出すことを内談するなど、正月十三日の強訴には加わらなかったものの、七ヶ巻村から志久見村にかけての村々でも、かなり急進的な空気が強かったことが推測される。

(122) 名主達は、やはり打ちこわしを恐れたためか、この時点では日延べを願っている。（県史表題「安永六年正月　高井郡小田中村騒動につき年貢皆済日延願」『長野県史』第八巻㈡北信地方　七七九頁）

(123) 郡中代の後任問題に、一応の決着がつくのは後述するように正月下旬である。

(124) 〔郡方日記〕

一昨日中野表之様子尚又承繕候処、弥落着之趣ニ而、中野ニ詰居候村々名主共茂引取候趣、草間村名主家・江部村名主家打潰候躰、昨日長谷川類右衛門・伊東才右衛門両人之衆見分有之候由、下筋村打潰候家共者、今日見分有之様之由ニ御座候、

右之通中野表懸合仕候上、今日小沼村引取罷帰、此段申上候、以上、

正月十八日　三輪六十郎

(125) 安永六酉年二月「乍恐以書付御答奉申上候」（中野市土屋家文書）「百姓騒動ニ付、金子他借等茂難相成迷惑

仕、御日延奉願上候処ニ、又々正月廿一日御召出被遊、日限御糺御吟味之上、前々之通り三月十五日皆済郡中一同ニ御書付奉差上御願申候、」

(126) 県史表題「安永六年正月　郡中村々名主郡中代跡役任命願」（『長野県史』第八巻㈡北信地方　七七九〜七八〇頁）

(127) 県史表題「安永六年二月　高井郡両安源寺村年貢上納内分方願」（同前　七八〇頁）
なお、この答書は、「金子相納候得ハ、御年貢金難渋之御疑茂無之、騒動一身之姿ニ無之候得者、申分無之道理ニ相聞候ニ付、又々御代官様ゟ右理害被仰越候間、能々相考村限御答可申上、」安永六酉年二月五日「差上申一札之事」（中野市山上家文書）に対するものである。

(128)『新訂増補国史体系第四十七巻　徳川実紀第十篇』五三七頁。なお、甲斐庄武助正方は、飛騨大原騒動の吟味にも赴いている。

(129)〔詫証文〕

(130) 一例として平六の処罰申渡（『長野県史』第八巻㈡北信地方　七九三頁）の一節を引用すれば、「一旦引取之後、再応可相願旨山口新田村久右衛門と申談、木島平耕地江百姓共可罷出旨之廻状差出し候、」とある。

(131)「先達而当月十三日ニ中野　御役所御支配御郡中名主一同被召出、」（安永六年酉二月「乍恐書付ヲ以奉願上候」『長野県史』第八巻㈡北信地方　七八〇〜七八一頁）

(132)〔郡方日記〕長井四郎右衛門が、十五日到着の報告に際し、留役に語った言「武器等少々心懸、囲人数三百人程領分境江召連候、」

(133) 同右「十五日五ツ時、惣御人数火事仕度ニ而、桜御高場ニ而御行烈《ママ》整、御城内ゟ御人数操《ママ》出ス、」

(134) 同右「十五日七ツ時小沼村江着、三人申合之上、即刻長井四郎右衛門騎馬ニ而附人召連、中之表《ママ》江罷越、」

(135) 同右「御留役様被成御逢候付、足軽一組召連、江戸表御下知之通罷出候段及御届候処、致承知候旨御挨拶有之候、」

(136) 同右「小沼村宿々手狭、小郷万端不都合ニ付、御武器行烈《ママ》相立、御徒目付差添、惣御人数大熊村江十六日旅宿引替、」

(137) 同右

(138) 同右

一当手旅宿　　天台宗　南照寺
町下松川分

一飯山御物頭宿　　浄土宗　蓮光寺
町下東側

なお、南照寺から陣屋までは、歩いて五分程である。

(139) 同右

(140) 同右

十七日
一今八時過飯山御物頭大久保久兵衛、当地引取木嶋之内安田村制之地理宜ニ付、相固之由、罷越申聞候、

(141) 同右

廿一日明六ツ半時、左之通召捕罷帰り
下木島之内
中町九郎助
庄之助
大町源左衛門

(142)〔詫証文〕

(143)〔郡方日記〕

廿六日
一今明六時、野坂田村治部左衛門・同村吉右衛門召捕、

(144)〔郡方日記〕「段々入牢之者多候付、町屋土蔵仮籠《ママ》申レ渡有之由、」
〔鈴木史料〕「ろうやはつまりて町の土蔵江も入、」

(145)〔詫証文〕

(146)〔郡方日記〕

(147) 同右、三月四日、留役が正村勇之進に語った言「第一起ハ上納金之義ニ御座候処、十九日致皆済、最速気遣之義少茂無御座候、」

(148) 同右

廿七日

一本多様御物頭大久保九兵衛、此方旅宿江立寄申聞候者、安田村江引取番所相立候付、自然相破難及制節者、飛道具相用度旨、右近将監様江彦三郎伺差遣候処、伺之通御差図相済候由、

(149)

乍恐以書付御届ケ申上候

一当正月十二日御年貢金訴訟之儀ニ付、中野御陣屋江村々百姓共罷出、残ル者共木島之沖江寄合可申趣之書付、村々江相廻り候由ニ付、当村江者何村ゟ幾日何時誰持参、何村江何時相送り候哉、其訳委細書附ニ致、右廻り候書付添、早々可申上旨御廻状之趣承知仕候、

当村役人共方其外小前百姓共之方江茂、右躰之書附一切到来不仕候、若此以後隠置御吟味之上、外村々ゟ継送り候段申上候者御座候ハヽ、何分之義ニも可被仰付候、依之村役人連印一札差上申候、以上、

安永六年酉二月

信州高井郡更科村

名主　伊右衛門

組頭　権左衛門

百姓代　弥五兵衛

臼井吉之丞様
　御役所
（中野市檀原家文書）

なお、同趣旨の書付が、二月二十六日付で間長瀬新田村からも差し出されている。

(150)

　乍恐以書付御届ヶ申上候

一当二月十四日木嶋沖江惣百姓不残可罷出趣之書付、何村誰より誰ヲ以差越写取、何村誰方江誰ヲ以差遣候哉、又者口上ニ而申来り口上ニ而申送り候茂可有哉、両様共委細早々可差出旨急廻状承知仕候、右躰之書付菅村円七方ゟ百姓甚四郎ヲ以差遣シ候、私義中野表罷有候ニ付、組頭権左衛門請取申候間、右書付御役所江差上候、尤外村江者口上ニ而茂申送り一切不仕候、万一外ゟ申送り候与申上候者御座候ハヽ、何分之義も被仰付可被下候、依之村役人連印仕差上申候、以上、

安永六年酉三月　　高井郡更科村
名主　伊右衛門㊞
組頭　権左衛門㊞
百姓代　弥五兵衛㊞

臼井吉之丞様
　御役所
（中野市檀原家文書）

(151)

〔鈴木史料〕「村々隠し目附よるひるあき人こじき様に成廻り、」

〔郡方日記〕

小沼村　伝　八
湯田中村　直　七
沓野村　藤　内
大熊村　友右衛門

右之者共密々申含、木嶋辺様子聞繕申含等御用中度々為二相勤一候、

右のように、松代藩も密かに自領内の百姓を使って、情報を集めていたようである。

(152)〔郡方日記〕

七日

一飯山御物頭ゟ飛札到来、飯山御城下上町口ニ差出置候武器・人数引納候様、御留役昨日被二仰渡一、今日
　引取候由申来ル、

(153)同右、三月九日の記事「是迄御人数追々相減候処、猶又伺之上、大熊村伊右衛門土蔵方江御武器・看板等入置、御足軽両人土蔵之内ニ差置、大熊村御人数右之外壱人茂今日ゟ不二罷在一、」

(154)同右「御留役中御逢、当所詮義荒々片付、追而人気薄相成候付、御人数引取候様御申渡候、」

なお、臼井吉之丞は、同日付で左のような届を江戸表へ提出している。

私共代官所高井・水内村々之内百姓共騒立候義、御吟味付真田伊豆守・本多彦三郎ゟ物頭壱人・足軽壱組ツヽ、固之義、先達而被二仰渡一、是迄相詰罷在候処、此節弥人気茂相治、此上呼出等差支茂無二御座一候付、

甲斐庄武助・鈴木門三郎ゟ評義之上、固之人数引抜之義真田伊豆守・本多彦三郎家来物頭江申談、今日為引抜申候、依之御届申上候、以上、

三月十六日　　臼井吉之丞

(155) 同右　三月十七日の記事「二月十五日罷出候節之行烈《ママ》ニて、今七ツ過大熊村へ引取、」

(156) 同右、臼井吉之丞の言である。

(157) 同右、三月十七日の記事「明日ゟ茂領分境之武器・人数追々引取候様可致旨申達、大熊村へ四ツ時過引取候、」

(158) 〔詫証文〕

(159) 前掲「御陣屋と百姓」（一九六八年十月二十五日版）

(160) 県史表題「安永六年八月　騒動御褒美銀并過料申渡留」（『長野県史』第八巻㈡北信地方　七八四頁）

(161) 「安永六年酉八月九日ゟ高井郡安田船渡ニさらす者也、」（県史表題「安永六年徒党罪科申渡状留」『長野県史』第八巻㈡北信地方　七九四頁）

〔鈴木史料〕「二人のくびは江戸より参安田村舟場にて獄門にかけ三日さらし、」

(162) 金井明夫「安永の天領新田検地―百姓騒動との関係―」（『高井』第四六号）二一四頁

おわりに

(163) 前掲金井明夫「安永の天領新田検地―百姓騒動との関係―」　一八頁
(164) 同右　二二頁所載
(165) 県史表題「安永六年九月　高梨村等九ヵ村新田検地請書」(『長野県史』第一巻㈠東信地方　九一七頁)
(166) 「右之御趣意」とは、切開地等を高請しないでおくのは隠地同様のため、本来は「重キ御仕置」にあたる等の趣旨である。なお、このような趣旨を「能呑込候様に村役人共百姓へも申聞、相糺候様可被取計事、」が、宝暦七年七月、代官に対して申し渡されている。(『日本財政経済史料』第四巻　六六〇～六六二頁)
(167) 『小千谷市史』下巻　四四一頁
(168) 『飛弾編年史要』　二九九頁
(169) 飛騨大原騒動に関しては、「夏虫記」・「夢物語」という、それぞれ郡代側・百姓側の立場で書かれた詳細な記録が残っていることもあり、その経過は克明に明らかにされている。
日置弥三郎「飛騨における農民騒擾」(『岐阜県史』通史編近世上　第十一章)では、大原騒動とは「飛騨代官大原彦四郎・亀五郎父子のもとで明和八年(一七七一年)より天明八年(一七八八年)まで継続して一八年間に勃発した明和・安永・天明三つの関連した農民騒擾である。」とされている。さらに具体的には、明和騒動は、用木元伐休山・年貢三千石江戸直納(江戸廻米)・永久石代法(石代納及び納期)・新役賦課などの問題を巡って生じ、高山の富商への打ちこわしが展開した。安永騒動は、新田検地を巡って生じ、老中・勘定奉行等への越訴、高山陣屋への強訴などが行われた。また天明騒動とは、大原代官秕政糾弾のための一連の訴願運動をさしている。

あとがき

この本は、卒業論文で扱った安永中野騒動を再構成した論文に、歴史教育を目的とした小論を加え、性質の異なる原稿を組み合わせて作成しました。

第一部の「I　廻米と石代納」では、軍役、沢庵、西廻り航路、田沼意次など、高校日本史の教科書では頻出の用語を意図的に使用して、生徒の注意を引こうとしています。また、少し脱線して、高野辰之にも触れています。なお、日本史の全教科書で歴史用語の使用頻度を調査している「改訂版日本史B用語集・A併記」（山川出版社　二〇〇九年）によれば、沢庵宗彭《そうほう》も、現行の「日本史B」教科書一一冊のうち、九冊でその用例が確認されています。このように教科書の頻出事項を積極的に記述に取り入れるとともに、生徒には比較的意外性のある年貢の金納や年貢米の輸送問題等を扱い、生徒の「関心」を高めることを試みています。

生徒にとって歴史の学習は、暗記しなければならない事柄が多く、歴史は退屈な暗記科目と思われがちです。このため、授業が単調にならないよう、意外性のある事柄などを時折取り上げて、生徒の「関心」を維持する工夫が必要になります。意外さを感じることによって「関心」が高まることは、経験的にも知られていることですが、以下のような「認知的動機付け」

とよばれる理論もあります。人間は知的好奇心の強い存在であり、最も快適と感じられる水準に達するまで環境と情報交渉し、また、その快適な水準を維持しようとするホメオスタシス的な傾向がある。したがって、認知に不調和が生じると、それを低減しようとして情報収集活動が喚起されて「関心」が高まる。一方認知的不調和は、適度である必要があり、認知的不調和があまりに大き過ぎると、環境との情報交渉を諦めてしまい、また小さ過ぎると「関心」は高まらない。この理論から、授業でどのような題材（情報）を提示すれば生徒の「関心」を高められるかは、題材や教材の工夫とともに、生徒の実態をよく把握することが必要であることも理解されます。しかし、生徒の実態をどのように捉え、また、それに対してどのような情報を、どのように提示すればその「関心」が高まるのかについての一般化は困難であり、やはり経験の蓄積による判断も必要ということになります。

第一部の「Ⅱ　安永中野騒動」は、その「おわりに」で触れているように、生徒に歴史を学ぶ面白さを伝えることを試みていることもあり、史料的裏付けが乏しい事柄でも、かなり踏み込んだ記述になっています。したがって、歴史研究という観点からは、厳密さに欠けている部分があります。

第二部の「安永中野騒動の形成過程」で扱った幕領政策等については、仮説の域にある内容もあり、この騒動が起こっていた時期に、全国各幕領で、各代官（郡代）によって、どのような幕領政策が、どのように遂行されていたのか、研究成果の蓄積が期待されます。

安永中野騒動を本にまとめることは、ここ数年考えていたことでしたが、この度きっかけとなることもあり、思い切って着手することにしました。今年の春、保護者であり卒業生でもある教育委員が、保護者面談の帰りに校長室に立ち寄られ、しばらく四方山話をして行かれました。話は私の専門教科のことなどにも及び、私が百姓一揆について本にまとめようかと思っていることなどを話すと、私の出身大学の教員でもある同氏から、そのお勧めを受けました。既に書いてある原稿をまとめるだけなので、大して時間はかからないと思ってはいたものの、何かの縁のようなものも感じ、思い立った時にしてしまうのがよいと考え、この度本にまとめた次第です。なお、卒業論文作成の際には、史料収集等で、中学校の恩師で郷土史家の岩戸貞彦先生や、長野県史編纂にも携わられた湯本軍一氏には大変お世話になりました。ここに改めて感謝申し上げます。

著者略歴
1956年生
長野県中野市出身
長野高等学校、東京大学文学部国史学科卒業
都立高校教諭等を経て、現在都内公立中学校校長

論文
「安永中野騒動　―飛騨大原騒動との関連―」（『信濃』第36，37巻）
「安永中野騒動の形成過程」（『日本海地域史研究』第9輯　文献出版）

安永中野騒動
―歴史教育と歴史研究―

2012年11月10日　第1刷発行

著者　遠山 孝典
発行者　木戸 ひろし
発行所　ほおずき書籍株式会社
〒381-0012　長野県長野市柳原2133-5
☎026-244-0235
www.hoozuki.co.jp
発売所　株式会社星雲社
〒112-0012　東京都文京区大塚3-21-10
☎03-3947-1021

ISBN978-4-434-17299-1　NDC215
乱丁・落丁本は発行所までご送付ください。送料小社負担でお取り替えします。

定価はカバーに表示してあります。

本書の、購入者による私的使用以外を目的とする複製・電子複製及び第三者による同行為を固く禁じます。

©2012 Tooyama Takanori　Printed in Japan